# SANTO

Sławomir Oder *com* Saverio Gaeta

# SANTO

## A vida e a fé de João Paulo II

SEXTANTE

Título original: *Perché è santo*

Design de capa de Susi Oberhelman, publicada originalmente em 2010 na edição de língua inglesa por Rizzoli International Publications, Nova York.


tradução: Yadir Figueiredo
preparo de originais: Cristiane Pacanowski
revisão: José Tedin e Taís Monteiro
projeto gráfico e diagramação: Ilustrarte Design e Produção Editorial
adaptação de capa: Miriam Lerner
impressão e acabamento: Yangraf Gráfica e Editora Ltda.

CIP-BRASIL. CATALOGAÇÃO-NA-FONTE
SINDICATO NACIONAL DOS EDITORES DE LIVROS, RJ

O21s Oder, Sławomir, 1960-
Santo / Sławomir Oder e Saverio Gaeta [tradução de Yadir Figueiredo]; Rio de Janeiro: Sextante, 2011.
160p.; 14x21 cm

Tradução de: Perché è santo
ISBN 978-85-7542-696-8

1. João Paulo II, Papa, 1920-2005. 2. Papas – Biografia. I. Título.

11-4282. CDD: 922.21
CDU: 929:2-725


GMT Editores Ltda.
Rua Voluntários da Pátria, 45 – Gr. 1.404 – Botafogo
22270-000 – Rio de Janeiro – RJ
Tel.: (21) 2538-4100 – Fax: (21) 2286-9244
E-mail: atendimento@esextante.com.br
www.sextante.com.br

## Oração para implorar graças por intercessão de João Paulo II

*Santíssima Trindade,*
*nós vos agradecemos por terdes honrado a Igreja*
*com o papa João Paulo II*
*e por terdes feito resplandecer nele*
*a ternura da vossa paternidade,*
*a glória da Cruz de Cristo*
*e o esplendor do Espírito Santo.*

*Confiando totalmente*
*na vossa infinita misericórdia*
*e na materna intercessão de Maria,*
*ele nos deu uma imagem viva de Jesus Bom Pastor*
*e nos mostrou que a santidade*
*é a mais elevada medida da vida cristã comum,*
*um caminho para atingir a comunhão eterna convosco.*

*Concedei-nos,*
*por intercessão dele e segundo a vossa vontade,*
*a graça que imploramos,*
*na esperança de que ele seja logo contado*
*entre os seus santos. Amém.*

# SUMÁRIO

*Introdução*

# A FACE DESCONHECIDA DE JOÃO PAULO II

Certa vez, uma das irmãs que trabalhava na residência pontifícia viu João Paulo II com a aparência muito cansada e comentou que estava preocupada com Sua Santidade. "Também estou preocupado com minha santidade", comentou o papa, com um sorriso de orelha a orelha. Agora que Karol Wojtyla foi beatificado, aquela preocupação se mostrou infundada. Suas virtudes – a fé, a esperança, a caridade, a prudência, a justiça, a fortaleza e a temperança, assim como a castidade, a pobreza e a obediência – emergiram em sua luminosa plenitude, graças ao testemunho de todos aqueles que participaram do processo de beatificação.

Para a Igreja Católica, a "fama de santidade" não é suficiente, ou seja, não basta a convicção generalizada dos fiéis sobre os méritos de um candidato, abertamente manifestada, no caso de João Paulo II, pelos cartazes com os dizeres "Santo já! Santo súbito!" exibidos na Praça São Pedro no dia de seus funerais. Ainda assim, o milagre – embora necessário, por ser considerado um "segredo de Deus" – é levado em conta apenas num segundo momento, quando o parecer dos consultores teológicos, o consenso dos cardeais e dos bispos e a aprovação por escrito do papa já tiverem sancionado a posse das virtudes cristãs em grau heroico.

Chega-se a esse estágio somente após um meticuloso trabalho de pesquisa, realizado pelo tribunal eclesiástico, que não se contenta com atestados genéricos de estima e veneração, mesmo que eles sejam oferecidos por testemunhas prestigiosas e qualificadas. O tribunal conduz interrogatórios intensos, exige provas concretas e descrições precisas dos acontecimentos e analisa documentos que demonstram a credibilidade das declarações de forma indiscutível. Nesse âmbito, cabe ao postulante – uma espécie de "advogado de defesa" do candidado a ser santificado – destacar os episódios mais importantes para atestar a autenticidade dos fatos.

Trata-se de uma série de eventos muitas vezes desconhecidos, que são relatados nessas ocasiões porque as testemunhas sentem-se livres – depois da morte do canditato a santo – para narrar circunstâncias e episódios que antes preferiam não divulgar. O postulante torna-se, assim, o depositário de uma série de notícias, de narrativas curiosas, de "floreios" que, oportunamente reunidos, formam uma imagem inédita do candidato.

Coube a mim o privilégio de desempenhar esse papel no processo de beatificação de João Paulo II, e é isso que eu relato neste livro.

Nasci no mesmo lugar que Karol Wojtyla, em Chelmza, na província de Torun. Quando ele foi eleito papa, em outubro de 1978, eu tinha acabado de completar o ensino fundamental e estava prestes a entrar no seminário diocesano, seguindo a vocação sacerdotal que amadurecia em mim havia alguns anos. Paradoxalmente, porém, o fato de ele ter sido eleito papa me fez adiar minha consagração a Deus. Era um momento de grande entusiasmo para nós, poloneses católicos, e eu não queria correr o risco de tomar uma decisão que me ligaria para o resto da vida àquela euforia coletiva. Tive medo e, por isso, com a aprovação de meu orientador espiritual, me inscrevi na faculdade de administração da Universidade de Dantzig, cidade hoje chamada Gdansk.

Vivi nessa cidade nos anos em que se consolidava o movimento Solidariedade, dirigido por Lech Walesa. Em 10 de dezembro de 1981, fui passar as férias de fim de ano na Argélia, onde meu pai trabalhava como engenheiro. Três dias depois, a promulgação da lei marcial na Polônia pelo general Wojciech Jaruzelski fechou as fronteiras do país, me obrigando a permanecer em território argelino durante seis meses.

Esse foi um longo período de profunda solidão, marcado por longos e intensos exercícios espirituais. Em maio de 1982 voltei à Polônia e, no ano seguinte, finalmente entrei no seminário, mas continuei com meus estudos universitários em paralelo. Eu me lembro bem do cansaço daquela época, quando me dividia entre as aulas e as provas da faculdade de administração e os exames da faculdade de teologia. Depois, graças a uma bolsa de estudos da Pontifícia Universidade Lateranense, me transferi para Roma. Lá, me formei em direito canônico e fui trabalhar no vicariato, até assumir a presidência do Tribunal de Apelação, posição que ocupo até hoje.

Encontrei Wojtyla pela primeira vez em 8 de dezembro de 1985, assim que cheguei a Roma. O chefe do cerimonial da missa presidida pelo papa na Basílica de São Pedro me confiara a tarefa de levar o microfone no momento da homilia. Obviamente, tínhamos feito um teste no dia anterior, mas sem o microfone. No entanto, no dia da celebração, quando me vi no altar, pensando se devia mover apenas o instrumento ou sua base também, sem querer arranquei o fio da tomada. Não seria tão grave se não estivéssemos em transmissão ao vivo para o mundo inteiro. O Santo Padre estava ali, esperando para fazer seu pronunciamento, e eu tinha estragado meu primeiro encontro com ele. Por sorte, o chefe do cerimonial interveio e acertou tudo em poucos segundos.

Algum tempo depois, tive outra chance. Conforme a tradição, na festa de Nossa Senhora da Confiança o pontífice fazia uma visita ao seminário em que eu me preparava para o sacerdócio e o reitor me incumbiu de preparar a mensagem oficial de saudação. Eu me dediquei longamente à elaboração do texto e o li com muita alegria, concluindo: "*Noi abbiamo bisogno della tua fede, Santo Padre* (Nós precisamos da tua fé, Santo Padre)." Me virei para o reitor e notei seu olhar perplexo. Então me dei conta do erro que tinha cometido. Eu elaborei o texto em polonês, idioma em que não existe diferença entre as formas de tratamento coloquial e formal, e em seguida o traduzi, literalmente, para o italiano, empregando o pronome *tua* em vez de *vossa*. Durante todo o jantar, meus colegas zombaram de mim: "Você se dirigiu ao papa João Paulo II pelo pronome tu. É a segunda vez que coloca sua carreira em risco!"

Não sei se por causa daquela gafe infeliz ou simplesmente por sua extraordinária memória, o papa não se esqueceu de mim. Alguns anos depois, meu novo bispo foi a Roma para a visita *ad limina* – uma obrigação dos bispos diocesanos e de outros prelados da Igreja Católica de se encontrarem com o papa e visitarem os túmulos dos apóstolos São Pedro e São Paulo, em Roma, a cada cinco anos – e pediu que eu o acompanhasse a uma audiência privada com o papa. O bispo me apresentou pelo diminutivo pelo qual os amigos me chamavam afetuosamente:

– Este é dom Slawek, que trabalha no vicariato de Roma.

– Mas quando você estava no seminário romano não tinha barba, não é? – retrucou João Paulo II, ao me fitar.

Voltei a encontrar o Santo Padre após alguns anos, em uma

circunstância que, tendo em vista o que aconteceria depois, teve um significado verdadeiramente especial. Certo dia, dom Stanislaw, o secretário pessoal de Sua Santidade, me telefonou dizendo que precisava falar comigo. Então fui ao Palácio Apostólico e, enquanto estávamos no elevador, ele me comunicou que eu deveria ficar para o jantar. Fiquei surpreso, pois pensava que ele tivesse me chamado apenas para me designar alguma tarefa. Em vez disso, me levou ao apartamento do pontífice. Lá, me sentei de costas para a porta e de repente Wojtyla apareceu para me cumprimentar e me convidar para jantar com ele. Eu era o único convidado naquela noite.

Não consegui comer nada, tamanho era meu interesse em escutar o que o Santo Padre dizia com muita simplicidade e sua indiscutível capacidade de falar de homem para homem, com o coração. Sabendo que eu estudara no seminário de Pelpin, citou os nomes dos professores e os títulos dos livros que tinham escrito. Depois comentou sobre suas ligações com minha cidade, Torun, onde um de seus parentes distantes morava e a quem ele visitava vez ou outra, quando ainda era cardeal.

Foi um encontro bastante agradável, mas fora do comum. Por que ele teria me convidado? Certamente não era um encontro de compatriotas, daqueles que ele gostava de organizar perto do Natal, já que eu era o único convidado polonês.

Refleti sobre isso e hoje tenho a impressão de que uma espécie de pressentimento induziu João Paulo II a se encontrar comigo. Talvez ele quisesse conhecer mais a fundo o homem que se tornaria seu "representante" na Congregação para as Causas dos Santos.

No dia 13 de maio de 2005, enquanto esperávamos que o novo pontífice, Bento XVI, chegasse à Catedral de São João de Latrão para falar aos sacerdotes da diocese de Roma, o então cardeal-vigário Camillo Ruini pediu que eu não saísse ao fim do encontro. Eu levava no bolso uma passagem aérea para a Polônia, onde assistiria no dia seguinte à primeira comunhão de um sobrinho, e comecei a me preocupar se conseguiria chegar a tempo ao aeroporto. Quando Bento XVI anunciou que não aguardaria os cinco anos regulamentares para dar início ao processo de beatificação de João Paulo II, passei a suspeitar de que algo estava prestes a acontecer.

O cardeal Ruini foi direto ao assunto:

– Ouviu o que o Santo Padre disse? Pois estou muito contente e grato por você ter aceitado ser o postulante!

Eu, no entanto, aleguei que se tratava de um dever que estava muito além da minha capacidade. Embora tivesse conduzido, no fim da década de 1990, o caso de dom Stefan Frelichowski, mártir polonês morto pelos nazistas em Dachau e beatificado em 17 de junho de 1999, eu certamente não era um postulante profissional. Mas foi inútil me esquivar, pois Ruini retrucou, resoluto:

– Felicidades e bom trabalho.

Por incrível que pareça, consegui não perder meu voo para a Polônia.

Alguns meses depois, o episcopado polonês fez a visita *ad limina* a Bento XVI. Meu bispo diocesano pediu que eu o acompanhasse e, quando estávamos diante de Sua Santidade, me apresentou e falou sobre minha responsabilidade no processo de beatificação de Karol Wojtyla. O papa me felicitou e disse:

– Pois cumpra o seu dever logo e de modo irretocável!

Sua recomendação, portanto, foi a palavra de ordem que me acompanhou ao longo de todo o processo.

*Slawomir Oder*

## *Capítulo 1*

# O HOMEM

## A FÉ EM CARNE E OSSO

Naquela luminosa sexta-feira, 8 de abril de 2005, ao observar as faixas brancas com os dizeres "Santo já! Santo súbito!", durante os funerais do papa João Paulo II, seu antigo companheiro universitário – que depois se tornou cardeal – Andrzej Maria Deskur teve um flashback. Ele relembrou outro dia radiante, 60 anos antes, quando Cracóvia fora libertada da ocupação nazista havia poucas semanas, em 18 de janeiro de 1945, e o amigo era conhecido simplesmente como Karol Wojtyla.

Com a reabertura da Universidade Jaguelônica, um dos primeiros sinais de que a cidade estava livre do regime nazista, muitos estudantes voltaram aos colégios que tinham sido obrigados a abandonar alguns anos antes. Na época, Wojtyla era o presidente de Bratnia Pomoc (que quer dizer "ajuda fraterna"), uma associação de universitários católicos que administrava diversas casas para estudantes. Certo dia, Deskur, que era secretário da associação, foi até a sala em que o amigo estava estudando e viu que seus colegas de turma tinham fixado à parede um cartaz com os dizeres "Futuro santo" escritos à mão.

Toda a vida de Karol Wojtyla pode ser lida à luz dessas palavras que antecipavam o futuro. A transparência de cada um de seus gestos, tanto como homem quanto como sacerdote, fica evidente ao longo do processo de beatificação. A opinião que o mundo formara a respeito dele, conhecendo-o cada vez melhor durante seus 26 anos de pontificado, demonstrou ter fundamento. Sua simpatia, seu fervor na oração, a espontaneidade ao falar de si mesmo e a capacidade de criar relacionamentos duradouros não eram simples atributos de uma figura da mídia, mas traços autênticos de Wojtyla.

O cristianismo, ao qual muitas vezes tendemos a atribuir um caráter transcendente, como se a vida de fé fosse etérea, era para ele uma experiência concreta, de carne e osso – a carne e os ossos de Jesus Cristo, que se tornou homem para vivenciar as alegrias e os sofrimentos da humanidade. É por isso que o testemunho religioso de Karol Wojtyla provou ser extraordinariamente fecundo, como atestam as cartas enviadas à Postulação, depois de sua morte, por todos aqueles que se inspiraram em seu exemplo para compreender a própria vocação.

Não foi por acaso que João Paulo II teve inúmeras amizades. Mesmo durante o pontificado, ele costumava se encontrar com os amigos para jantar, passear, esquiar, além de organizar apresentações de coral e reuniões com compatriotas nas tradicionais festividades polonesas. Escrevia para eles com frequência e nunca lhes dirigia palavras frias e formais. Era muito humano e demonstrava sua piedade e sua compreensão de maneira profunda e verdadeira, vivendo com alegria, entusiasmo e generosidade, sempre cercado por uma atmosfera de intensa espiritualidade.

Como uma árvore – um carvalho majestoso, ou talvez a tília do poema "Il Magnificat", que ele escreveu ainda jovem, cujo tronco foi usado para se entalhar a robusta estátua de um santo –, João Paulo II estava profundamente enraizado na terra em que nasceu. Sempre carregou sua pátria no coração, mesmo quando, já eleito papa, sua missão passou a abraçar o mundo inteiro.

Orgulhava-se de ter nascido em 1920, o ano do "milagre sobre o Vístula", como é chamada a batalha de 15 de agosto daquele ano, que deu à recém-independente Polônia a vitória sobre as tropas bolcheviques. Seu pai, suboficial do exército austro-húngaro na Primeira Guerra Mundial e de quem herdou o nome, participara daquele combate contra o Exército Vermelho como tenente das tropas polonesas. Cheio de orgulho, contou várias vezes ao filho que o sucesso na luta – obtido, segundo a tradição, graças à intervenção de Nossa Senhora – impedira os soldados de Lenin e Trotski de invadirem a Polônia e, a partir dali, toda a Europa, como previam os planos revolucionários soviéticos.

A figura paterna, fortalecida pela seriedade e pelo senso de responsabilidade típicos de um militar da velha guarda, foi essencial para o pequeno Karol, sobretudo depois da morte prematura da mãe, Emilia, em 1929, e do irmão mais velho, Edmund, em 1932, este em consequência de uma epidemia de escarlatina. Como se a imagem de seu pai tivesse ficado profundamente impressa em sua alma, Wojtyla contava aos amigos que o velho Karol, de pé ao lado do caixão do filho, repetia as palavras "Seja feita a Sua vontade!". Aos 11 anos, foi o irmão que o acompanhou em um de seus raros momentos de lazer: a escalada às montanhas Tatras, uma cordilheira na fronteira entre a Polônia e a Eslováquia. Depois da morte de Edmund, o pai passou a lhe fazer companhia em seu tempo livre, levando-o para longos passeios nas montanhas.

Sua família era profundamente ligada à tradição polonesa e enraizada na fé católica. A marca mais forte na sua formação espiritual foi deixada, sem dúvida, pelo pai, mas a mãe também influenciou bastante sua criação, gravando-lhe no espírito uma sensibilidade que acabou dando origem a sua devoção mística à Virgem Maria. O amor a Nossa Senhora depois foi marcado pela extraordinária personalidade do alfaiate Jan Tyranowski, que aos poucos introduziu Karol em uma profunda atmosfera de oração e devoção.

Em certo sentido, o quarto de João Paulo II – tanto no Vaticano como em Castel Gandolfo – era o santuário de suas memórias juvenis. Junto das imagens dos pais e do irmão estavam expostas, numa mesinha, a foto de Tyranowski e do capelão de Wadowice, dom Kazimierz Figlewicz, que tinha sido seu catequista e confessor nos anos de infância.

Privado de seu último vínculo familiar depois da morte do pai, em 1941, Karol experimentou uma espécie de ampliação afetiva: seus amigos de juventude se tornaram sua nova família, e depois, com o tempo, o mesmo aconteceu com os companheiros de seminário, os paroquianos, os outros sacerdotes, seus colegas no episcopado, além dos fiéis da diocese de Cracóvia e do mundo inteiro. Em todo lugar ao qual sentia ter sido enviado em missão pelo Senhor, Wojtyla encontrava uma nova família, substituindo seu núcleo familiar original e conseguindo estabelecer relacionamentos próximos com quem quer que fosse.

## O "TIO" KAROL

A humanidade de Wojtyla abrangia as tradições, os sentimentos, as lembranças e até os sabores da sua terra polonesa. Ele tinha, por exemplo, uma predileção especial pelos docinhos de Wadowice, os *kremówki*, mas também gostava muito dos de Torun, os *katarzynki*. Toda vez que alguém da Polônia ia ao Vaticano ele era presenteado com uma caixinha de doces bem fresquinhos. Muitas vezes ele nem os comia, por estar fazendo penitência, mas ficava contente, mesmo assim, de poder oferecê-los a todas as pessoas que iam se reunir com ele.

Eram muitas as ocasiões em que um evento, um encontro ou uma circunstância especial o fazia voltar no tempo e sua memória prodigiosa resgatava lembranças nítidas e intactas. Mesmo com o passar dos anos, o afeto que Wojtyla nutria por amigos e companheiros de juventude permanecia vivo dentro dele e mais uma vez o induziu, depois de ter sido eleito papa, a reatar relacionamentos com pessoas que tinha perdido de vista havia muito tempo.

Assim aconteceu com o engenheiro judeu Jerzy Kluger, amigo seu de infância em Wadowice, com quem perdera o contato dramaticamente durante os trágicos eventos da Segunda Guerra Mundial e da deportação de judeus aos campos de concentração nazistas. Depois da eleição de Wojtyla ao pontificado, os dois se reencontraram com frequência no Vaticano e em Castel Gandolfo, até a morte de João Paulo II.

Eles adoravam recordar um fato que acontecera nos últimos dias da escola fundamental. Jerzy, que morava nas proximidades do colégio, certa manhã bem cedo foi ver os resultados do exame de admissão ao ensino fundamental. Tanto ele quanto Karol tinham sido aprovados. Então correu à casa do amigo para lhe dar a boa notícia, mas lhe disseram que ele tinha ido ajudar o padre durante a missa na paróquia local. Embora nunca tivesse estado numa igreja católica, daquela vez Jerzy resolveu entrar e ficou no fundo, aguardando o término da missa. Do altar, Karol o avistou e fez sinal para que ele ficasse ali e não falasse. Mas uma mulher reconheceu o garoto e lhe perguntou, rispidamente, como ele, um judeu, tivera a audácia de profanar a igreja. Ao fim da celebração, Karol foi até o amigo, mas não prestou a menor atenção à notícia de que tinha passado no exame. O que ele queria saber era o que a mulher lhe dissera. Jerzy então lhe contou e ele comentou, magoado: "Mas ela não sabe que somos todos filhos do mesmo Deus?"

Wojtyla tinha apenas 10 anos, mas já olhava com extraordinária maturidade para o ódio racial que fervilhava no coração de alguns moradores de sua cidade. A mais hedionda tragédia do século XX, à qual Wojtyla se referiria mais tarde, emocionado, iria se alimentar daquela fúria: "Tenho recordações pessoais de tudo o que aconteceu quando os nazistas ocuparam a Polônia durante a guerra. Eu me lembro dos meus amigos e vizinhos judeus. Alguns morreram, enquanto outros sobreviveram." Foi naquela época que se consolidou nele o profundo respeito pelos judeus, o que o levou a defini-los, ao visitar a sinagoga de Roma em 1986, como "irmãos mais velhos". Esse respeito se tornou emblemático graças à citação afetuosa que João Paulo II fez ao rabino romano Elio Toaff em seu testamento. Foi o único nome que ele mencionou, além do de seu fiel secretário, o monsenhor Stanislaw Dziwisz.

Wojtyla mantinha um relacionamento próximo com os ex-companheiros de colégio. A tradição de organizar encontros periódicos, iniciada em Cracóvia, não foi interrompida depois que ele foi eleito papa, e em várias ocasiões ele preferiu realizá-los em Castel Gandolfo. Em agosto de 2002, na última viagem que faria à Polônia, quando descobriu que o arcebispo de Cracóvia, o cardeal Franciszek Macharski, tinha convidado seus companheiros do último ano para jantar, ele agradeceu, comovido. E mais tarde comentou: "Éramos 40, sobraram oito, mas nem todos puderam vir."

Os colegas se lembravam de Karol Wojtyla como um rapaz de talentos extraordinários, muito amigável, que se distinguia por sua conduta politicamente correta e seu alto nível moral. Na escola, por exemplo, não permitia que ninguém copiasse seus deveres ou colasse dele nas provas, porque considerava esse comportamento desonesto.

Porém, estava sempre disponível para ajudar a quem precisasse, explicando assuntos que não tinham sido compreendidos e fazendo junto, à tarde, as lições da escola. Certa vez, no seminário, quando um companheiro se aproximou e perguntou se ele o ajudaria durante o teste que teriam naquele dia, Wojtyla respondeu: "Meu caro, confie em Deus e tente sozinho."

Também com as moças ele sempre agiu de maneira transparente. Em 1952, ele tinha organizado, junto com dois rapazes e três moças, um passeio às montanhas Tatras, para ver a florada do açafrão. Na noite de 20 de abril, o grupo deveria partir de trem para Zakopane e dali começar a caminhada. Ele e as moças já estavam sentados no vagão quando os rapazes os alcançaram, aflitos, e informaram que a data de uma prova tinha sido antecipada e eles teriam de ficar em Cracóvia. As moças, no entanto, não poderiam voltar àquela hora para o alojamento, no colégio das irmãs de Nazaré, porque a porta era trancada às 10 da noite e reaberta às 6 da manhã.

Wojtyla tinha apenas poucos minutos para resolver o que fazer. A prudência o aconselhava a adiar o passeio – era impensável que um sacerdote viajasse sozinho com três moças –, mas a transparência absoluta da sua relação de amizade com as companheiras de aventura lhe permitiu seguir na jornada. Segundo os relatos, quando as moças lhe perguntaram como deveriam se dirigir a ele em público, pois chamá-lo de "dom" seria inconveniente, Wojtyla, que usava trajes de turista, respondeu prontamente: "Me chamem de tio." Mesmo depois de ele se tornar papa, vários jovens amigos continuaram a se referir a ele dessa maneira.

E era assim mesmo que Wojtyla assinava suas cartas, escritas em papel timbrado com o brasão pontifício, endereçadas a alguns de seus parentes por parte de mãe, residentes em Torun, aos quais era profundamente grato por terem-no ajudado durante a Segunda Guerra Mundial.

Naquelas correspondências, demonstrava afetuoso interesse pelo cotidiano dos destinatários: pedia notícias de conhecidos, informava-se sobre a saúde de algum doente ou manifestava pesar pela morte de um parente. Na medida em que as crescentes responsabilidades pastorais permitiam, ele sempre procurava saber como seus amigos estavam passando. Quando era cardeal, foi realizar em Torun alguns batismos e celebrou o casamento da filha de um sobrinho. Já papa, certa vez convidou alguns deles a passar férias em Castel Gandolfo.

Todas as vezes que Wojtyla, na qualidade de bispo ou cardeal, estava de passagem por Roma, os sacerdotes poloneses no Vaticano o convidavam para festejar aniversários e dias de santos. Se ele não tinha compromissos inadiáveis, aceitava de boa vontade. Depois que foi eleito papa, um de seus velhos amigos não se sentiu mais à vontade para convidá-lo para essas comemorações. Uma noite em que o amigo foi jantar no Palácio Apostólico, João Paulo II o repreendeu, em tom brincalhão: "Quando eu era cardeal, você me convidava. Agora que sou papa, não me chama mais. Se irei ou não é outra coisa, mas o convite deveria ser feito sempre!"

Durante o período em que Wojtyla esteve à frente da Igreja Católica, muitos foram os colaboradores da Cúria Romana que receberam sinais de reconhecimento na data de seus aniversários ou quando completavam mais um ano de ordenação sacerdotal ou episcopal. E essa atitude zelosa também se estendia aos leigos. Depois da sua eleição, por exemplo, telefonou para Cracóvia e pediu que a senhora Maryja, que fazia a limpeza no palácio arquiepiscopal da cidade, fosse incluída no grupo que seria levado a Roma para assistir à inauguração do pontificado. E, no seu último dia de vida, quis fazer uma saudação não só aos mais altos expoentes do Vaticano, como também a Franco, que cuidava do apartamento pontifício, e a Arturo, o fotógrafo que o acompanhou durante anos.

## UM ATOR QUE SE TORNOU SACERDOTE

A recordação mais antiga da infância de Karol vem da sua professora na creche, irmã Filotea: o pequeno tinha apenas 4 anos e frequentava a escola maternal das nazarenas, em Wadowice. Era um menino alegre e vivaz, e as religiosas o chamavam pelo apelido carinhoso de Lolek. Certa vez, subira numa árvore, quando um cão se aproximou e começou a latir. As irmãs ficaram com medo de que o animal o mordesse e acorreram, arquejantes, em sua ajuda. Mas o garotinho não parecia assustado.

Em seu primeiro ano no ensino fundamental, quando ele tinha 11 anos, ocorreu um episódio que confirma sua sensibilidade religiosa precoce. Na escola havia um zelador que era um bom bebedor de vodca. Certo dia, o homem atravessava a rua em frente ao colégio, mas, de tão bêbado, não percebeu que um carro se aproximava. Então o veículo o atingiu e ele caiu, gravemente ferido. Os estudantes se aproximaram do zelador sem saber o que fazer, até que, minutos depois, chegou o sacerdote da paróquia próxima em companhia de Karol, que tinha ido buscá-lo para dar assistência espiritual ao zelador.

Nos anos seguintes no colégio, ele descobriu o teatro, sua primeira grande paixão. Já nos tempos de Wadowice, mostrara sua capacidade interpretativa recitando um famoso poema polonês num concurso em que conquistou o segundo lugar. Tinha 18 anos quando, em outubro de 1938, organizou um sarau de poesia junto com os amigos do curso de filologia na Universidade Jaguelônica. Depois de ter declamado alguns versos de sua autoria, revelou publicamente que desejava se tornar ator.

Alguns meses depois, começou a frequentar o Teatro da Palavra Viva, dirigido por Mieczyslwa Kotlarczyk, que aperfeiçoou sua dicção, ajustou seu ritmo e melhorou sua ligação com o público. Sua memória excepcional, que complementava seu talento, permitiu que na montagem de uma peça ele interpretasse, além do próprio papel, o de um colega de palco que adoecera.

Durante a ocupação nazista da cidade, as peças continuaram a ser montadas clandestinamente. Certo dia, enquanto a SS fazia uma vistoria militar na rua, Wojtyla continuou a recitar a epopeia polonesa *Pan Tadeusz* com extraordinário sangue-frio.

Todo esse amor pela interpretação convivia com uma intensa busca espiritual: dois caminhos que exigiam muita dedicação e que, mais cedo ou mais tarde, levariam Wojtyla a fazer uma escolha difícil. Esse dilema provavelmente amadureceu ao longo de um espetáculo em que ele declamava um monólogo. De acordo com uma testemunha, na primeira representação Karol atuou com voz forte e convicta, porém, na segunda, 15 dias depois, mal sussurrava suas falas. Indagado sobre o motivo dessa inesperada reviravolta cênica, ele respondeu que tinha refletido e chegado à conclusão de que o monólogo era uma confissão.

Durante o intervalo entre as representações, os amigos perceberam que o sacerdote nascia das cinzas do ator. Quando Wojtyla já era papa, um deles escreveu isso numa carta, à qual anexou uma gravação do espetáculo. E João Paulo II lhe respondeu: "Você tem razão. Foi exatamente isso que aconteceu. Aceito de todo o coração." Sua última aparição nos palcos aconteceu em março de 1943.

A forte espiritualidade que entusiasmava aquele jovem estudante apaixonado por teatro certamente não passava despercebida a seus companheiros de universidade. Um deles, que depois se tornou seu amigo, revelou que Wojtyla era tão discreto que, durante muito tempo, não souberam sequer qual era seu sobrenome.

Naqueles meses, Wojtyla teve uma atitude que poderia ter lhe custado caro. Desde 1936, era realizada tradicionalmente uma grande peregrinação anual da juventude universitária católica ao santuário de Nossa Senhora de Jasna Góra. Durante a ocupação nazista ela tinha sido proibida, mas, para não quebrar a tradição, Karol conseguiu chegar clandestinamente ao local com outros dois representantes do grupo, apesar de a cidade de Czestochowa estar cercada pelas tropas de Hitler.

## UM CLANDESTINO NO SEMINÁRIO

João Paulo II adorava repetir que seu primeiro seminário tinha sido feito em casa, com o pai. Mas a segunda pessoa a guiá-lo ao profundo significado da oração e a fazer crescer nele o senso de devoção ao divino foi o alfaiate Jan Tyranowski, fundador do grupo Rosário Vivente, composto de 15 jovens, a cada um dos quais era confiada a representação cotidiana de um mistério. Wojtyla também passou a participar do grupo e nessa escola de espiritualidade teve oportunidade de conhecer o Tratado da Verdadeira Devoção a Maria, do francês São Luís Maria Grignion de Montfort, e as obras místicas do espanhol São João da Cruz.

Aos 22 anos, porém, Wojtyla teve consciência de que seu caminho passava pelo seminário verdadeiro, o do arcebispado de Cracóvia. Alguns anos antes, resistira ao chamado do Senhor, apesar de ter sido convidado pelo arcebispo Adam Stefan Sapieha – que em 3 de maio de 1938 fez uma visita pastoral à paróquia da Aparição da Santíssima Virgem Maria, em Wadowice – para crismar os estudantes do colégio. Na tradição polonesa, os crismandos acrescentam um segundo nome a seu nome próprio, e Wojtyla escolheu Hubert, em homenagem ao dramaturgo Hubert Rosztworowski, que morrera algumas semanas antes e por cuja obra era apaixonado.

"Meu professor de religião, o padre Edward Zacher, me confiou a tarefa de dar as boas-vindas", contou João Paulo II. "Então, pela primeira vez, fiquei frente a frente com aquele homem tão venerado por todos. Depois do meu discurso, o arcebispo perguntou ao religioso que curso eu iria fazer assim que terminasse o colégio. 'Letras e filologia polonesa', respondeu o padre Zacher. O bispo então comentou: 'Pena que não seja teologia.'"

Ainda seriam necessários quatro anos para que a vocação se definisse em Karol em toda a sua plenitude. Um evento que, como ele mesmo teria afirmado, "permanece um mistério para mim também. Como é possível explicar os caminhos de Deus? Embora, em determinado momento da vida, eu tenha tido certeza de que Cristo me dizia o que disse a milhares antes de mim: 'Venha, me siga!', eu percebia claramente que aquilo que sentia no coração não era uma voz humana nem uma criação da minha mente. Cristo estava me chamando para servi-lo como sacerdote". Quem o acolheu no seminário foi o reitor, padre Jan Piwowarczyk, que lhe recomendou segredo absoluto, mesmo com as pessoas mais próximas e mais queridas. A situação era realmente delicada.

Em 1º de setembro de 1939, Hitler invadiu a Polônia, e a sede do seminário foi requisitada para acomodar o destacamento da SS encarregado de garantir a segurança das forças de ocupação em Cracóvia. Durante alguns meses, os seminaristas foram alojados no terceiro andar do palácio do arcebispado, mas então, depois que o governo nazista determinou o fechamento de todas as instituições escolares, o arcebispo Sapieha mandou alguns deles para as paróquias, como ajudantes, enquanto outros, que trabalhavam em empresas que passaram a ser controladas por autoridades alemãs, estudariam em casa. Os seminaristas clandestinos não se conheciam. Recebiam os manuais para estudar filosofia e teologia diretamente do prefeito, dom Kazimierz Klósak, e então cada um prestava exame individualmente com o professor.

Durante dois anos, do outono de 1942 ao verão de 1944, Wojtyla fez parte desse segundo grupo. Para evitar ser deportado para campos de trabalhos forçados na Alemanha, ele precisava ter o *Ausweis*, um salvo-conduto fornecido pelas autoridades alemãs aos trabalhadores "socialmente úteis". Assim, em 1940, ele também – depois de um breve período como entregador de encomendas em um restaurante – começou a trabalhar na mina de Zakrzówek, como ajudante do operário que detonava as cargas explosivas.

Na primavera de 1942, ingressou na indústria química Solvay, em Borek Falecki, como encarregado da depuração da água das caldeiras, e permaneceu nesse emprego quando já era seminarista clandestino. Os companheiros, que sempre o viam com um livro, pensavam que ele era universitário e o protegiam, deixando que estudasse durante o expediente.

Seu orientador espiritual era dom Stanislaw Smolenski, que o considerava bastante preparado intelectual e moralmente e admirava sua disposição ao sacrifício e ao esforço. Karol tinha um físico robusto, e graças a ele também conseguiu superar o acidente de 29 de fevereiro de 1944, quando, a caminho da fábrica, foi atropelado por um caminhão, o que o deixou inconsciente. Ele só acordou no hospital, com a cabeça enfaixada.

No início de agosto de 1944, deixou a Solvay, respondendo à convocação do arcebispo Sapieha, o qual, depois do início da insurreição em Varsóvia, ordenou que todos os seminaristas voltassem ao palácio arquiepiscopal. "Tenho alguns seminaristas comigo porque, na qualidade de arcebispo, tenho o direito de contar com pessoas que ajudem na missa", justificou Sapieha.

Karol chegou ao seminário vestindo uma camisa branca e calças de algodão e calçando tamancos. No dia seguinte, um sacerdote da diocese lhe deu um hábito talar. Uma dezena de seminaristas foi alojada inicialmente nos quartos do primeiro andar de uma ala da Cúria, cujas janelas davam para o pátio interno e para a rua Wislna. Em outubro, depois da derrota dos insurgentes de Varsóvia, o cardeal ofereceu seus aposentos aos sacerdotes foragidos da capital e abrigou todo o grupo de jovens na sala de audiências, ao lado do seu apartamento. Os rapazes dormiam em catres de metal, muito próximos uns dos outros, e assistiam às aulas nesse mesmo espaço.

Eram várias as tarefas diárias e os seminaristas se mantinham ocupados o tempo todo: despertavam às 5 da manhã, faziam sua higiene pessoal e ginástica no átrio, depois seguiam para a oração na capela, a meditação, a missa celebrada pelo arcebispo, e então tomavam o café da manhã e assistiam a aulas de filosofia e teologia. À uma da tarde, almoçavam e logo depois podiam passear pelo pátio interno. Então vinham a adoração ao Santíssimo Sacramento, os estudos e a leitura espiritual. Às oito da noite era servido o jantar, seguido pela realização do serviço religioso. Às nove, o arcebispo se recolhia à capela durante uma hora de adoração, que fazia prostrado no chão, diante da sacristia, e às dez voltava a seu apartamento, passando antes pela sala, para verificar se os seminaristas estavam dormindo.

Um companheiro contou que ficaram marcados nele, "principalmente, a bondade, a benevolência e o companheirismo de Wojtyla. Ele se relacionava sem dificuldade com os interlocutores, procurava entendê-los e buscava assuntos que habitavam o coração de cada um de nós. Era de poucas palavras, escutava mais do que falava e às vezes, de forma discreta, fazia suas observações. Ainda assim, jamais impunha suas opiniões e nunca magoava ninguém com termos ofensivos. Tinha um olhar sereno, era espirituoso e gostava de ouvir histórias que o faziam rir. Observava fielmente o regulamento do seminário. Durante as aulas, mantinha a concentração, fazia anotações diligentemente e captava no ar o pensamento fundamental do professor. Era inteligente e perspicaz nos exames, e suas respostas precisas davam satisfação aos professores e despertavam admiração em todos nós".

## O FANTASMA DO DUPLO HOMICÍDIO

Uma acusação desonrosa foi feita contra Wojtyla pelo autor de programas de televisão Mário Dolcetta no livro *Gli spettri del Quarto Reich* (Os espectros do Quarto Reich), publicado em novembro de 2007 na Itália.

No fim do século XX, quando pesquisava sobre os últimos momentos do regime nazista, Dolcetta afirma ter entrevistado um certo Horia Sima, chefe do movimento legionário romeno em 1938 e vice-primeiro-ministro da Romênia entre 1940 e 1941. Depois desse período, Sima se tornou um agente secreto subordinado a Heinrich Himmler, comandante da polícia nazista, e se infiltrou entre os insurgentes poloneses a mando da Gestapo e da SS. A entrevista, "precedida por momentos de hesitação, temores e dúvidas", foi concedida em Madri, em algum mês não especificado de 1978. Não é possível, porém, pedir que Sima confirme tais declarações, pois ele morreu em 25 de maio de 1993, na capital espanhola.

No encontro, o entrevistado mostrou a Dolcetta um folheto no qual estavam escritas, em alemão, as seguintes palavras: "Nota secreta do alto-comando. Escritório Central de Segurança do Reich. Repartição Geral. Declarações conjuntas confirmam que um sacerdote católico polonês chamado Karol Wojtyla participou ativamente do assassinato, à faca, de cidadãos alemães. Ordeno que o nome do assassino seja incluído na lista de procurados. Para executar essa ordem, dirigir-se à Gestapo de Cracóvia, Departamento F.VII A. Enviada por SD I e SD II da Gestapo I RSM 87."

Essa foi uma revelação desconcertante, que Sima explicou da seguinte maneira ao escritor italiano: "Em Cracóvia, o arcebispo da cidade, o príncipe Adam Stefan Sapieha, estava sob observação, por sua grande liberdade de ação antigermânica. Depois de uma série de encontros com o clero local, em que eu me fazia passar por refugiado húngaro, professor, católico e procurado pela SS, vim a conhecer a organização clandestina protegida pela Igreja (...). No dia 7 de agosto de 1944, um domingo, a Gestapo realizou grandes operações por toda Cracóvia. Eu estava na sede da polícia secreta nazista verificando as listas de possíveis terroristas. Ao deparar com o nome de Karol Wojtyla, tive um sobressalto, porque ele era um jovem muito religioso, mantido sob vigilância por suspeitarem de que sua mãe, Emilia Katz, era judia e por ele supostamente estar protegendo amigos judeus."

Sima continuou seu relato e falou sobre Grigori Caratiniescu, um colaborador seu: "Caratiniescu, que tinha visto bem os conspiradores, percorreu Cracóvia com dois agentes da Gestapo, os três à paisana. Wojtyla morava no centro, e Caratiniescu o reconheceu quando ele estava prestes a entrar em casa, acompanhado de dois outros jovens. Antes que pudessem pará-los, os três jovens escaparam. Foram seguidos, mas Caratiniescu não foi tão veloz quanto os dois agentes, que dispararam na frente. A seguir, ao virar a esquina, Caratiniescu viu os corpos dos dois agentes caídos no chão, ensanguentados, mas nenhum vestígio dos três fugitivos. No dia seguinte, os dois agentes morreram. Soube que Wojtyla se refugiou no palácio do arcebispo Sapieha, que forneceu a ele e a outros 20 subversivos católicos a vestimenta talar e não perdeu tempo em torná-los clérigos. Fiquei estupefato, muitos anos depois, quando ele foi eleito papa. E assim, mais uma vez, minha opinião sobre o Vaticano se confirmou."

Ao confrontarmos essa última afirmação com a data indicada na entrevista, em 1978, observamos o primeiro sinal de incoerência suspeita. Wojtyla tornou-se papa em 16 de outubro. A menos que a entrevista tenha sido realizada nos dois últimos meses daquele ano, é impossível que Sima tenha mencionado a eleição. Mas, mesmo que isso tenha acontecido, é estranho que tenha se referido a algo que acontecera apenas algumas semanas antes como se fizesse parte de um passado distante ("quando ele foi eleito papa").

É ainda mais incompreensível como, justamente no momento em que a atenção do mundo inteiro se concentrava no recém-eleito Wojtyla, tanto Sima quanto Dolcetta tenham evitado divulgar uma informação que, se verdadeira, teria sido um surpreendente "furo". E é notável a perseverança de Dolcetta em guardar essa "bomba" jornalística por 30 anos para depois deixá-la cair, casualmente, numa página de seu livro. Além disso, há um pequeno detalhe, embora não irrelevante para uma reconstituição histórica: em 1944, o citado 7 de agosto caiu numa segunda-feira.

Em todo caso, é evidente que uma acusação como essa tenha induzido a postulação da causa de João Paulo II a se articular para averiguar a verdade. Interpelada sobre a questão, a fonte mais respeitada na matéria, a Comissão para a História Contemporânea, sediada em Bonn, respondeu secamente, por intermédio do Dr. Karl-Joseph Hummel, que "existe uma edição em microfilme, de 2003, com todos os fatos documentáveis e os relatórios da polícia secreta estatal, do Escritório Central da SS e do Escritório Central da Segurança do Reich, de 1933 a 1945. Essa edição não contém o documento pesquisado nem o nome de Wojtyla aparece no detalhado volume de abertura, ou sequer no índice".

O doutor Hummel é firme em sua análise: "O confronto dos documentos da edição em microfilme com o de Dolcetta reforça a impressão de que o dele é uma falsificação, que nem sequer foi feita de modo inteligente, pois no cabeçalho faltam as indicações de local e data. Não há menção do emissor do documento e o destinatário não está especificado. A Gestapo sabia exatamente de quem falava e não teria denominado um estudante polonês de teologia como sacerdote católico." E conclui, depois de ter explicado que pediu, inutilmente, esclarecimentos ao autor: "Talvez o motivo do silêncio se deva ao fato de que tal documento não existe nos arquivos, e sim, que foi 'fabricado' posteriormente."

À luz dessas considerações, a acusação parece completamente infundada, o que explica, entre outras coisas, por que os historiadores sempre a ignoraram, a despeito do seu presumido "clamor".

## A SERVIÇO DE DEUS E DO SEU POVO

Em outubro de 1946, o já cardeal Sapieha decidiu que Wojtyla deveria ser transferido para Roma, para completar os estudos em uma universidade pontifícia, e determinou que sua ordenação sacerdotal seria em 1º de novembro do mesmo ano, Dia de Todos os Santos. Logo cedo, Karol, acompanhado de um pequeno grupo de parentes e amigos, apresentou-se na capela privada do arcebispo, onde a cerimônia seria realizada.

Em 2 de novembro, dia dedicado à memória dos mortos,

ele celebrou sua "primeira missa", na cripta de São Leonardo, no interior da Catedral de Wawel, em Cracóvia. Nos dias que se seguiram, foi celebrar também na paróquia de São Estanislau Kostka, em Debniki e na da Aparição da Santíssima Virgem Maria, em Wadowice. Celebrou outra missa no altar de São Estanislau, ainda no Wawel, para os amigos do Teatro da Palavra Viva e da organização clandestina União, à qual era ligado durante a ocupação nazista.

A ordenação foi um momento fundamental em sua vida. Ele próprio ressaltaria isso, afirmando que "nada tem mais importância para mim, ou me dá mais alegria, do que celebrar a missa todo dia e servir o povo de Deus na igreja. E isso acontece desde que fui ordenado sacerdote. Nada jamais mudou isso, nem o fato de ter me tornado papa".

Um testemunho significativo foi dado por um monsenhor que reconheceu um sacerdote afastado do ministério que vivia como um mendigo na Via della Traspontina, perto da Praça São Pedro. O monsenhor conseguiu agendar uma audiência no Vaticano e avisou João Paulo II que o levaria. Terminado o encontro, o papa pediu que o homem fosse à sala ao lado, para conversarem em particular. Ao sair, o padre-mendigo estava em lágrimas. O pontífice, explicou ele, pedira ao sacerdote para ouvir a sua confissão e depois lhe disse: "Você vê quanto é grande o sacerdócio? Não o deturpe."

Em 15 de novembro de 1946, em companhia do seminarista Stanislaw Starowieyski, Wojtyla entrou no trem que pela primeira vez o levaria para fora da Polônia. Foi uma viagem longa e emocionante, como ele mesmo contou: "Olhava pela janela do trem que atravessava cidades que eu conhecia apenas pelos livros de geografia. Fui a Praga, Nuremberg, Estrasburgo e Paris, onde me hospedei no seminário polonês na Rue des Irlandais. Minha estada na capital francesa foi curta, e cheguei a Roma no fim de novembro." Na capital italiana, foi morar com os padres palotinos e em seguida se transferiu para o Pontifício Colégio Belga, na Via del Quirinale, bem perto da Universidade Angelicum, onde em menos de dois anos, em 19 de junho de 1948, se formou com a tese intitulada "A doutrina da fé segundo São João da Cruz".

A audiência com Pio XII no início de 1947 foi, para Wojtyla, uma emoção extraordinária. O papa saudou, um a um, todos os jovens sacerdotes e seminaristas do Colégio Belga. Quando se aproximou de Wojtyla, o reitor, Maximilien de Furstenberg, o apresentou e disse que ele era da Polônia. Pio XII parou, repetiu "da Polônia" com evidente emoção e depois disse, em polonês: "Jesus Cristo seja louvado."

Foi nessa época que Wojtyla teve uma conversa com um sacerdote belga ligado à associação Jovens Trabalhadores Cristãos, fundada pelo futuro cardeal Joseph Cardijn. Encontraram-se para discutir a situação da Europa após o fim da Segunda Guerra Mundial e o sacerdote lhe disse: "O Senhor permitiu que a experiência de um mal como o comunismo atingisse vocês. E por que Ele deixou que isso acontecesse?" O próprio religioso respondeu: "Sim, nós, do Ocidente, fomos poupados disso, talvez porque não teríamos sido capazes de suportar provação semelhante. Mas vocês, do Leste Europeu, serão." João Paulo II mais tarde evocaria essa frase, em razão de seu teor profético.

Um de seus colegas recordou aqueles dias: "A máxima de Napoleão – 'Posso perder uma batalha, mas nunca perco um minuto' – era citada com frequência no Colégio Belga. Wojtyla aproveitava todos os minutos para terminar sua tese. Sabíamos que ele era bom no futebol, mas não conseguíamos convencê-lo a jogar na nossa equipe. Mesmo assim, de vez em quando ele vinha disputar uma partida com a gente no jardim."

## COM OS BRAÇOS ESTENDIDOS FORMANDO O SINAL DA CRUZ

Wojtyla era muito concentrado no seu objetivo. Como relatou um de seus companheiros da época em que ele morou em Roma, "ele era sempre muito discreto nos encontros amistosos, e as fotos de grupo provam isso, porque ele é sempre visto na última fila. Nas conversas, nunca se destacava. Eu não imaginaria que, depois de algumas décadas, tomaria a palavra com tal segurança e conduziria a Igreja Católica com tanta energia e eficácia". Sua trajetória de vida parece exatamente a aplicação do ditado "O hábito faz o homem".

Com o passar do tempo, perdeu o contato com muitos desses amigos, mas quis rever todos eles no Vaticano pouco depois de ter sido eleito papa. Lá, convidou-os a celebrar uma missa em sua capela particular. Como recordou um dos presentes, João Paulo II disse, cordialmente: "Conheço todos vocês por nome e sobrenome. Quem poderia imaginar que eu me tornaria papa e nos reencontraríamos 31 anos depois?"

Poucos dias após ter apresentado sua tese de conclusão de curso, Wojtyla voltou à diocese, onde lhe foi confiado o primeiro encargo como vice-pároco de Niegowic, 30 quilômetros a leste de Cracóvia. Era uma comunidade de 5 mil devotos, espalhados por 13 vilarejos e distritos por onde os meios de transporte público não passavam. Em 8 de julho de 1948, ele partiu de Cracóvia num ônibus e em determinado ponto teve de descer e continuar a pé. Então um camponês lhe ofereceu carona numa carroça. Ao chegar ao limite do território paroquial, Wojtyla desceu, se ajoelhou e rezou por todos os seus novos paroquianos, seguindo o exemplo de São João Maria Batista de Vianney, o famoso Cura d'Ars.

Colaborou por um ano com o pároco Kazimierz Buzala e

com outros três vigários. Durante cerca de 30 horas semanais ensinava religião em cinco escolas elementares espalhadas pelos vilarejos e dirigia a Associação Católica da Juventude Feminina. Falar de modo simples, trabalhar com afinco, ter contato constante com condições socioeconômicas difíceis e viver num ambiente rural bem diferente da atmosfera acadêmica a que estava acostumado foram um grande desafio para um intelectual como Wojtyla.

Os paroquianos ficaram profundamente impressionados com sua extraordinária devoção eucarística, manifestada em longas sessões de adoração ao Santíssimo Sacramento. Não era raro Wojtyla passar parte da noite orando diante do altar, estendido no chão com os braços abertos formando o sinal da cruz. Como descreveu uma testemunha, "a presença de Cristo no tabernáculo lhe permitia ter uma relação muito pessoal com ele: Wojtyla não apenas se dirigia a Cristo, mas conversava com ele". Depois de observar o comportamento do jovem capelão, a testemunha profetizou: "O senhor vai se tornar bispo."

Em outubro de 1948, com a morte do cardeal primaz August Hlond, a Igreja polonesa escolheu um jovem arcebispo, Stefan Wysziynski, de 47 anos, para ocupar seu lugar. O episcopado pretendia, na verdade, concentrar suas forças no confronto com o comunismo, contrapondo-se à difusão das teses marxistas. Pensando nessa estratégia, em 17 de agosto de 1949 o cardeal Sapieha decidiu transferir dom Karol para a paróquia de São Floriano, em Cracóvia, perto da Universidade Jaguelônica.

O pároco, monsenhor Tadeusz Kurowski, confiou-lhe a catequese das classes superiores do colégio e os cuidados pastorais dos estudantes universitários. A estes, toda quinta-feira Wojtyla propunha uma conferência sobre questões fundamentais relativas à existência de Deus e à espiritualidade, temas de forte impacto naquele contexto, sufocado pela propaganda comunista em favor do ateísmo militante. Para tornar mais claras suas reflexões – que com frequência tratavam de assuntos teológicos –, ele preparava esquemas que eram impressos em mimeógrafo ou em papel-jornal.

Foi nesse âmbito universitário que se reuniu aquele grupo coeso de amigos que passavam as férias juntos e no qual alguns casais se formaram. E foi justamente sob a inspiração das conversas daquela época que se definiu sua teologia do corpo e do casamento. O conhecido ensaio "Amor e responsabilidade", publicado em 1960, teve origem no texto dos exercícios espirituais que ele recomendava aos noivos.

Em seu primeiro passeio, o grupo foi a Kozy e pernoitou na paróquia de dom Franciszek Macharski, que depois substituiria Wojtyla como arcebispo de Cracóvia. Foi o início de uma série de excursões, que muitas vezes incluíam travessias em caiaques. Todas as manhãs era celebrada a missa e, depois do Evangelho, havia uma breve homilia, em que se propunha uma frase sobre a qual se deveria refletir durante o dia. Dom Karol gostava muito de estar entre as pessoas, mas adorava aqueles passeios de caiaque, porque, navegando sozinho ou no máximo com um companheiro, podia pensar e contemplar em total liberdade. Foi uma grande alegria para ele quando um grupo composto de três gerações de amigos foi a Castel Gandolfo, em 2000, para praticar a modalidade que chamou de "caiaque a seco": colocaram uma canoa no gramado, cantaram em homenagem ao "tio" e, no fim, cada um dos convidados o cumprimentou.

Para envolver os jovens da paróquia, dom Karol teve ainda a ideia de reunir cinco moças e cinco rapazes e formar um coro. Primeiro foi apresentada uma seleção do repertório de *Koledy*, os tradicionais hinos natalinos poloneses. Depois, com a ajuda do amigo Jan Adamski, o jovem vice-pároco conseguiu preparar a cerimônia da Quaresma, apresentada na igreja na Páscoa de 1951.

## *TOTUS TUUS*, "TODO TEU" – O LEMA APOSTÓLICO DE JOÃO PAULO II

O ativismo e a formação cultural de dom Karol impressionaram o arcebispo Eugeniusz Baziak, que assumiu o lugar do cardeal Sapieha, falecido em 23 de julho de 1951, na cátedra de Cracóvia. Baziak incentivou-o a seguir a carreira de professor universitário, e assim, em setembro de 1951, Wojtyla começou a se preparar para a livre-docência em ética e em teologia moral. Ele a concluiu em dezembro de 1953 com a tese "Avaliação da possibilidade de construir a ética cristã sobre a base do sistema de Max Scheler". O acaso quis que ele fosse o último a obter o certificado na faculdade de teologia da Universidade Jaguelônica, que, alguns meses depois, foi fechada pelas autoridades comunistas.

Dom Karol começou a lecionar no Seminário de Cracóvia e na Universidade Católica de Lublin, até obter, em 15 de novembro de 1957, a nomeação formal de livre-docente. Para entender a importância atribuída a ele nessa função, basta dizer que desde 1967 Wojtyla deu aulas na residência arquiepiscopal, pagando a viagem dos estudantes até Cracóvia com seu salário de professor, porque desde que se tornou cardeal ele não tinha mais tempo para ir a Lublin.

Além de lecionar, ele continuava a realizar atividades com o grupo de jovens, consciente de que o empenho direto na pastoral não era "nada a mais", e sim a verdadeira essência de seu sacerdócio. Assim, não foi por acaso que recebeu, em julho de 1958, a notícia oficial de sua nomeação como bispo auxiliar de Cracóvia enquanto estava em uma de suas costumeiras excursões de verão. Ele tinha sido convocado para um encontro com o cardeal primaz Stefan Wyszynski alguns dias antes. Dom Karol deixou o hábito talar com um conhecido seu de Varsóvia e, de calção e camiseta, partiu de canoa para a travessia do rio Lyna.

Em 3 de julho de 1958 deixou o grupo e, acompanhado do amigo Zdzislaw Heydel, aportou próximo de Olsztynek. Graças a uma carona num caminhão carregado de sacos de farinha, chegou à estação ferroviária, de onde partiria, tarde da noite, para Varsóvia. Levava consigo o saco de dormir, que acabou não usando porque não conseguiu pegar no sono.

Em 4 de julho apresentou-se pontualmente no episcopado da rua Miodowa, e o cardeal Wyszynski lhe comunicou a decisão da Santa Sé. Wojtyla argumentou: "Eminência, sou muito jovem, tenho apenas 38 anos." O primaz retrucou, com refinada ironia: "Essa é uma fraqueza da qual você logo se livrará. Peço que não se oponha à vontade do Santo Padre." Não lhe restou outra opção senão aceitar.

No dia seguinte, foi para Cracóvia a fim de informar a decisão ao monsenhor Baziak e lhe pedir autorização para voltar a se juntar aos amigos no acampamento do rio Lyna. De início, o arcebispo relutou, explicando que lhe parecia inadequado, mas dom Karol alegou: "Mas será um domingo. Quem vai celebrar a missa para eles? Deixarão de assistir a ela?" E assim o monsenhor cedeu e o dispensou, sorrindo: "Então, vá. Mas volte a tempo para a consagração!"

A cerimônia é sempre realizada no dia 28 de setembro, data da festa litúrgica de São Venceslau, padroeiro da Catedral de Wawel. Estava previsto no programa que fossem oferecidos ao novo bispo auxiliar consagrado alguns presentes simbólicos de pessoas próximas a ele. Seis amigos levaram as velas, o pão e o vinho. "Eu não tinha uma família, tinha vocês", disse Wojtyla depois aos representantes que escolhera. A festa continuou no seminário, onde se realizou uma recepção frugal, concluída no Santuário de Czestochowa. Foi lá, antes do nascer do sol, que Wojtyla celebrou a missa para os mais íntimos, na capela da imagem milagrosa da Madona Negra.

E foi em homenagem à Virgem Maria que ele quis que seu brasão episcopal tivesse impresso o lema "*Totus tuus*", inspirado na doutrina de São Luís Maria Grignion de Montfort. Trata-se das primeiras palavras de uma frase com a qual o santo exprimia a vontade de entrega total a Jesus por intermédio de Maria: "Eu sou todo teu, e tudo aquilo que é meu te pertence, meu amado Jesus, por meio de Maria, tua santa Mãe."

Como Wojtyla explicou, "a doutrina de São Grignion exerceu uma profunda influência sobre a devoção mariana de muitos fiéis e sobre a minha vida. São ensinamentos vívidos, de notável profundidade ascética e mística, expressos com um estilo animado e caloroso, que com frequência utiliza imagens e símbolos". Um antigo amigo seu, o cardeal Andrzej Maria Deskur, confirmou: "Sua entrega a Maria mudou bastante a minha vida. Em Cracóvia, ele me explicou o significado da santa escravidão de São Grignion de Montfort, dizendo que devemos servir a Deus como fazia Maria, em total abandono."

## TUDO COM O OLHAR DA FÉ

Durante quatro anos, Wojtyla ajudou incansavelmente o monsenhor Baziak, debilitado pela doença, em todos os âmbitos do ministério episcopal. Depois que o arcebispo morreu, portanto, foi natural para a assembleia de canônicos de Cracóvia elegê-lo vigário capitular, esperando que chegasse da Santa Sé o nome do novo catedrático diocesano. Na verdade, o bispo auxiliar mais velho era o monsenhor Julian Groblicki, e, durante a reunião de 16 de julho de 1962, Wojtyla insistira em que este fosse escolhido. Mas o chanceler da Cúria, o monsenhor Kuczkowski, uma figura imponente, ajoelhou-se diante de Wojtyla e implorou, em nome das necessidades da Igreja de Cracóvia, que ele aceitasse o cargo de vigário.

Três meses depois, em 5 de outubro, Wojtyla foi a Roma para participar da primeira sessão do Concílio Vaticano II, realizada de 11 de outubro a 8 de dezembro. Ele também estava na segunda sessão conciliar, no ano seguinte, de 6 de outubro a 4 de dezembro. No dia 5, partiu em peregrinação para a Terra Santa e ficou lá até 15 de dezembro. Enquanto refazia o caminho que Jesus Cristo percorreu, já sabia que depois de apenas duas semanas, em 30 de dezembro, seria nomeado arcebispo de Cracóvia.

A alegria foi enorme na diocese e, em 8 de março de 1964, quando sua posse foi celebrada na apinhada Catedral de Wawel, muitos fiéis não conseguiram entrar no local. Seu aparecimento durante as celebrações do Milênio Sagrado da Polônia, em 1966, também foi marcado por muito entusiasmo da população. Wojtyla celebrou a missa numa paróquia de Szczepanów, onde nasceu o bispo e mártir São Estanislau, o santo padroeiro do país. Movidos pelo afeto e pelo fervor, os fiéis o carregaram nos braços do seu carro até o altar da igreja.

Em 1966, durante as celebrações do Milênio Sagrado em Tum Leczycki, ocorreu um episódio engraçado. Chovia muito e a água se acumulara no dossel colocado sobre o altar. Alguém levantou um dos lados do tecido com a intenção de esvaziá-lo e livrá-lo daquele peso, mas errou a inclinação e toda a água entornou sobre o arcebispo, que mesmo assim demonstrou uma atitude imperturbável e estoica.

Com seus bispos auxiliares, que em abril de 1970 passaram a ser quatro – além de Groblicki, havia Stanislaw Smolenski, Jan Pietraszko e Albin Malysiak –, Wojtyla implantou um método de trabalho colegial, que previa um encontro semanal para discutir as questões do momento, problemas que deviam ser enfrentados, antes de tudo, com o olhar da fé. A cada sessão juntavam-se ao grupo os responsáveis pelos diversos serviços diocesanos, como o chanceler, o escrivão e os vários diretores.

Um de seus auxiliares testemunhou que "no seu ministério episcopal, Wojtyla se inspirou nos modelos pastorais de São Estanislau – mártir por defender seu povo frente à prepotência do rei polonês Boleslau – e de São Carlo Borromeo, seu padroeiro, bispo da reforma do Conselho de Trento. Wojtyla se distinguiu pela corajosa defesa do povo contra a ditadura do comunismo, sustentando o direito à liberdade religiosa e de culto".

Em Cracóvia, como contou uma testemunha durante o processo de beatificação, o arcebispo "convidava para sua residência representantes de vários grupos sociais, como intelectuais, cientistas e artistas, advogados e funcionários do setor da saúde. Ele lhes oferecia estímulo e apoio, além de dar sugestões. Sempre tomava a palavra, de modo que todos pudessem se lembrar de algo discutido nesses encontros. Falava com eloquência e tinha um senso de humor aguçado".

Ainda como bispo, continuou a dedicar atenção especial à pastoral dos jovens, que ele considerava a grande esperança da Igreja. Essa missão, dizia Wojtyla, estava enraizada nele, e de fato nunca a abandonou ao longo da vida. Prestava assistência espiritual aos jovens e interagia e conversava com eles com frequência. Consciente do papel fundamental da catequese, instigava os sacerdotes a instituir cursos específicos para todas as faixas etárias, até que a religião voltasse a ser ensinada nas escolas.

## AS LIÇÕES APRENDIDAS NO CONCÍLIO VATICANO II

Wojtyla se empenhou bastante durante os trabalhos do concílio. Depois de ter participado das duas primeiras sessões, esteve presente também na terceira – de 14 de setembro a 21 de novembro de 1964 – e na quarta – de 14 de setembro a 8 de dezembro de 1965. Durante as assembleias, ele se pronunciou, ao todo, oito vezes, entregou 13 súmulas escritas e compartilhou mais três com outros padres. Foi membro da Comissão de Estudo do Crescimento Populacional, da Família e da Natalidade e participou ativamente do grupo encarregado de redigir o Schemma XIII, projeto do qual derivaria a constituição da pastoral *Gaudium et spes* (Alegria e esperança). Para Wojtyla, essa foi uma experiência fundamental, da qual se originou o livro *Alle fronti del rinovamento conciliare* (À frente da renovação conciliar: A implementação do Concílio Vaticano II), que escreveu com o objetivo de apontar a seus sacerdotes e fiéis a necessidade de incorporar a doutrina conciliar à pastoral ordinária da diocese de Cracóvia.

Ele se concentrou em três temáticas: a Igreja, a liberdade religiosa e o mundo contemporâneo. A respeito da questão de fundo eclesiástico, Wojtyla propôs que, na versão final da *Gaudium et spes*, o capítulo sobre o povo de Deus fosse colocado antes daquele sobre a hierarquia da Igreja, mantendo, assim, a alta consideração que tinha pelos fiéis. Ele expressou esse respeito também em pequenos gestos, numa época em que os leigos eram tidos por muitos como simples executores das decisões tomadas pela hierarquia eclesiástica. Intervindo no debate sobre o apostolado dos leigos, por exemplo, ele iniciou com um sonoro "*Venerabiles patres, fratres et sorores*" (Veneráveis padres, irmãos e irmãs). Desse modo, passou a ser o único a reconhecer publicamente a presença de algumas mulheres no concílio, na qualidade de ouvintes.

Sobre a liberdade religiosa, sua contribuição ressaltou, de um lado, que a fé nunca pode ser objeto de coerções por parte do poder civil, e, de outro lado, que confiar a responsabilidade pessoal à liberdade em matéria de fé não significa abrir as portas à indiferença religiosa.

Wojtyla deixou sua marca mais profunda, porém, nas linhas gerais em que definia a relação entre a Igreja e o mundo contemporâneo. Ao interferir na primeira versão do documento, ele propôs uma série de observações acerca do tom excessivamente moralista e do fato de a Igreja ser colocada muito acima do mundo. Na parte que ele redigiu, era possível perceber a insistência em identificar o comunismo ateu como um problema fundamental para a Igreja contemporânea. No entanto, a subcomissão rejeitou sua proposta, pois a considerou muito focada no ateísmo.

Para revisar o texto, foi chamado o teólogo Yves Congar, que, depois de animadas discussões, o transformou no quarto capítulo da *Gaudium et spes*. Daqueles dias, ficaram as anotações que Congar – nomeado cardeal por João Paulo II em 1994 – registrou em seu Diário do Concílio: "Wojtyla deixa uma impressão muito forte nas pessoas a seu redor. Sua personalidade se impõe e dele se irradia um magnetismo, uma atração, certa força profética muito calma, mas incontestável."

Avaliando a versão final, Wojtyla mencionou duas questões no discurso feito na assembleia de 28 de setembro de 1965. Em primeiro lugar, ele ressaltou a ausência de realismo cristão na visão do mundo proposta pelo texto, criticando o otimismo fácil daquelas páginas. Depois, com relação ao ateísmo, declarou que "seria oportuno distinguir entre o ateísmo que nasce de convicções pessoais e o que é imposto por pressões externas de todo tipo, tanto físicas quanto morais, sobretudo quando se torna impossível professar sua fé na vida pública e oficial, e quase se exige que a pessoa se declare a favor do ateísmo, de modo que a instrução dos jovens é impregnada dele, mesmo contra a vontade dos pais".

Nos documentos do concílio, por fim, não foi feita a mínima referência à questão do comunismo (no índice do Vaticano II, o termo não aparece nenhuma vez). Esse silêncio foi motivo de sério dissabor para o arcebispo.

## RECONCILIANDO OS DEVERES CULTURAIS COM OS DA PASTORAL

No interior da Conferência Episcopal Polonesa, da qual era presidente, Karol Wojtyla ocupou-se, em especial, da relação cultural com as universidades e do cuidado pastoral dos leigos. Como presidente da Comissão Episcopal para os Leigos, fez de tudo para que, segundo os prognósticos do Vaticano II, eles assumissem tarefas de responsabilidade da Igreja.

Certamente não foi menor seu empenho no plano da promoção cultural e da elevação do nível dos estudos de teologia nos seminários diocesanos, pois ele defendia que somente assim poderiam preparar professores competentes para as faculdades teológicas. Depois dessa iniciativa, foi instituído o Conselho Científico, presidido por ele.

Homem de profunda e vasta cultura, Wojtyla não só incitava os professores universitários a produzirem ensaios sobre as problemáticas da atualidade, mas escrevia, ele mesmo, artigos científicos que eram publicados em diversos periódicos poloneses. Devorava os livros, aproveitando todas as ocasiões para ler e se manter atualizado. Chegou a mandar instalar uma lâmpada no banco traseiro do carro para que pudesse ler ali também.

Em Cracóvia, ele trabalhava na capela da rua Franciszkanska, onde podia estudar e orar sem muita distração. Para se concentrar melhor, às vezes chegava a ler com os pés imersos em água fria. Muitas pessoas puderam vê-lo ajoelhado ao lado da escrivaninha, que ainda se encontra à esquerda do tabernáculo.

A oração, para ele, sempre foi fonte de força e inspiração, tanto que, até mesmo durante o intervalo entre uma aula e outra, no seminário, ia à capela para um rápido revigoramento espiritual.

Na metade da década de 1950, o governo extinguiu as faculdades teológicas nas universidades de Varsóvia e de Cracóvia, criando em seu lugar a Academia de Teologia Católica na capital polonesa, com o propósito de enfraquecer a Igreja. Wojtyla e o cardeal Wyszynski tinham opiniões divergentes a respeito dessa instituição. O cardeal, que se empenhara para que o ensino na Academia seguisse os preceitos da ortodoxia católica, ficou bastante satisfeito com o resultado. Ele a considerava, de qualquer modo, um instrumento a serviço da Igreja. Wojtyla, ao contrário, se opôs ao reconhecimento por parte da Santa Sé. Embora ele também o considerasse ortodoxo em termos de doutrina, não queria que uma instituição paga pelo regime comunista pudesse ser vista como a legítima sucessora das duas faculdades extintas, com o risco de que a Igreja perdesse o direito de ter sua própria faculdade de teologia.

Como afirmou publicamente o general Wojciech Jaruzelski, ex-presidente da Polônia, "com frequência traçávamos paralelos entre o primaz Wyszynski e o cardeal Wojtyla. Descrevíamos o primaz como 'a rocha' e Wojtyla como 'o quebra-gelo', no melhor sentido do termo, isto é, como um homem capaz de extinguir o preconceito de ambas as partes".

Os comunistas procuraram fomentar as discordâncias entre os dois, dizendo que Wyszynski era rígido e fanático, ao passo que Wojtyla era um homem culto e aberto. Justamente por isso, ele se posicionou claramente a favor de Wyszynski, para que não houvesse nenhum mal-entendido. Pouco a pouco, as autoridades também se deram conta de que não era correto pensar que Wojtyla estava mais disposto a resolver os problemas por meio de acordos e concessões do que Wyszynski. E tiveram a comprovação definitiva disso quando, em setembro de 1967, ao ser negado ao primaz o passaporte para participar da primeira assembleia geral do Sínodo dos Bispos, em Roma, Wojtyla também renunciou à participação, em solidariedade a ele.

As relações dele com o cardeal Wyszynski foram extremamente leais. Quando falava do primaz, Wojtyla se referia à sua personalidade extraordinária e ressaltava sua capacidade de manter o episcopado polonês unido em um momento particularmente difícil para a Igreja Católica. O primeiro dever dos bispos de uma nação, explicava ele, é o de manter sua unidade, como garantia da salvação e da vitalidade da Igreja. Por isso, eram postas em segundo plano as divergências que ainda assim pudessem existir – uma provável alusão a diversidades de posição que existiam entre ele e o primaz –, a fim de preservar a unidade entre os bispos.

Ainda no contexto de superação do conflito e a favor da reconciliação, houve uma iniciativa na qual Wojtyla desempenhou um papel de relevância absoluta e que não deixou de despertar clamor e polêmicas. Trata-se da redação da já famosa carta enviada em 18 de novembro de 1965 pelo episcopado polonês ao alemão como gesto simbólico de repacificação entre duas nações tão rigidamente inimigas durante a Segunda Guerra Mundial. Foi inserido no texto um verso de Horácio que já fora utilizado por Paulo VI na carta de 29 de setembro de 1962 aos irmãos separados da Igreja Católica: "*Veniam damus petimusque vicissim*", que quer dizer "Perdoamos e pedimos perdão".

Apesar da propaganda hostil das autoridades comunistas e da dificuldade por parte de muitos católicos poloneses de aceitar um ato de tamanho significado, o resultado da iniciativa foi, sem dúvida, positivo e construtivo. Sob a perspectiva histórica, pode-se entrever nessa corajosa escolha uma primeira manifestação do que foi um traço típico do papa João Paulo II: o desejo de curar as feridas do passado, de promover a conciliação entre os povos, de olhar para a frente com um novo espírito.

O cardeal Wojtyla também foi o primeiro dos bispos poloneses que, ao partir em viagem à Alemanha Ocidental, em setembro de 1975, quis fazer uma parada na Alemanha Oriental, um pequeno mas significativo gesto de encorajamento para uma igreja que vivia em profunda solidão e dificuldade por causa da opressão do regime. Ele foi a Erfurt, onde se realizava uma manifestação de católicos, presidiu a celebração eucarística e encontrou-se com o bispo Joachim Meisner, de quem se tornou amigo.

## NO GELO DE NOWA HUTA

Para valorizar a contribuição de todos os padres da diocese de Cracóvia, o arcebispo Wojtyla instituiu o Conselho Presbiteriano, que ele sempre consultava antes de tomar qualquer decisão importante. Era composto de 30 sacerdotes escolhidos democraticamente por todo o clero a cada quatro anos. Um dos membros atestou que, "desde o início, ele confiou plenamente no Conselho como expressão da grande fé de Cristo na Igreja e em seus ministros. Wojtyla sempre dirigia a missa que dava início a cada encontro, comentava a palavra de Deus e depois moderava as discussões. Durante os debates, a atmosfera era cordial, serena e fraterna. Cada um era livre para tomar a palavra, sabendo que sua opinião seria acolhida com reconhecimento e atenção". E, de fato, o Conselho Presbiteriano pôs em prática muitas iniciativas para promover a formação, a convivência e a colaboração do presbitério, que o arcebisbo sempre aprovou de boa vontade.

Wojtyla considerava o diálogo fundamental. Ao se ver diante de um problema, primeiro fazia uma profunda análise da situação, depois consultava quem poderia ajudá-lo a encontrar a solução. Nunca dizia que não era possível fazer algo, e sim que era preciso encontrar a maneira adequada de proceder. Quando dirigia um encontro, sempre começava com a proposta de expor a questão "como ela é sob a perspectiva da fé".

Quem ia procurá-lo em busca de aconselhamento sempre o encontrava muito sério e concentrado. Um bispo prestes a assumir um cargo de prestígio lhe perguntou: "O senhor me conhece bem. O que devo fazer para exercer com eficiência meu novo ministério?" Wojtyla refletiu para buscar uma resposta adequada e disse: "É a mesma pergunta que eu fiz, numa situação semelhante, a um superior meu, que me respondeu apenas: 'Seja você mesmo.' É o que lhe aconselho agora."

Outra resposta que ele dava com frequência a quem queria saber que escolha deveria fazer era: "Você pensou em qual é sua vocação?" Um de seus antigos alunos da pastoral universitária de Cracóvia relatou: "Quando alguns políticos iniciaram uma greve de fome, me dirigi a Wojtyla, que era nosso conselheiro espiritual, e lhe perguntei o que eu deveria fazer. A resposta foi simples: 'Você perguntou a si mesmo qual é sua vocação? Pode ser de pai de família, de professor, de político. Se encontrar uma resposta convincente, então saberá o que fazer.'"

Para sustentar a renovação da vida da Igreja local, todos os domingos ele fazia uma visita pastoral às paróquias. Nos discursos que proferia nessas ocasiões, gostava de repetir a frase de Santo Agostinho: "*Vobis sum episcopus, vobiscum christianus*", que quer dizer "Para vós, sou bispo; convosco, sou cristão".

Seguindo um estilo bastante pessoal, nesses momentos Wojtyla não se limitava a celebrar a missa e fazer a homilia. Ao contrário, os instantes principais eram os encontros com os diferentes grupos de fiéis pertencentes à paróquia: as crianças, os jovens, os estudantes e os intelectuais. Ele abençoava os casais, incentivando-os a se apoiarem reciprocamente em todas as circunstâncias da vida terrena e ajudarem um ao outro no caminho da salvação. E, se havia doentes incapacitados de ir à igreja, ele ia a suas casas, ou aos hospitais e centros de assistência, onde lhes dirigia palavras de encorajamento, assim como aos médicos e aos enfermeiros.

Muito obstinado, empenhou-se para construir novas igrejas na diocese, um objetivo claramente conflitante com as intenções do regime. Com relação a essa questão, o caso de Nowa Huta é emblemático. Os planos comunistas não previam nenhuma igreja nesse novo bairro operário – seria o primeiro da cidade em que Deus não existia. Mas o arcebispo certamente não estava disposto a ceder e continuou a apoiar o projeto de se construir ali uma casa de Deus. Ele fez isso por meio de gestos significativos. Por exemplo: foi lá que celebrou, a céu aberto, a missa de Natal, à meia-noite. A igreja acabou sendo erguida, para a grande alegria dos mais de 50 mil fiéis, que acorreram comovidos para assistir à sua consagração em 15 de maio de 1977.

Nesse episódio, percebemos que Wojtyla não tinha apenas a clara determinação de alcançar seus objetivos, mas também a capacidade de exercer o julgamento acima dos preconceitos. Na verdade, o arcebispo optou por confiar a função de sacerdote-construtor a dom Jozef Gorzelan, que já tinha ocupado um cargo semelhante em Filipowice. E Wojtyla fez isso apesar das opiniões contrárias e das objeções a respeito da idoneidade necessária para desempenhar esse papel motivadas pelo fato de que dom Gorzelan fazia parte da Caritas, uma organização de caridade administrada pelo governo polonês que não tinha a aprovação do episcopado.

Depois de uma visita do monsenhor Agostino Casaroli – o maior defensor da Ostpolitik, a cautelosa política de abertura do Vaticano ao regime do Leste Europeu – à Polônia, as autoridades locais lhe mostraram que tinham concedido permissão para a construção de 60 igrejas (na verdade, pequenas capelas em vilarejos). Então Wojtyla acompanhou o convidado da Santa Sé a Krowodrze, onde foi erguida a Igreja de Santa Edwiges. Era novembro e caía uma chuva misturada com neve. Celebraram juntos uma missa num barracão com capacidade para 50 pessoas, enquanto do lado de fora havia pelo menos 10 vezes mais que esse número. No retorno a Varsóvia, tiritante de frio, o arcebispo Casaroli demonstra às autoridades comunistas sua irritação por ter recebido informações falsas sobre a real necessidade de se construírem novas igrejas.

Wojtyla estava sempre à frente quando se tratava de defender a presença da Igreja e de proteger a propriedade indispensável para apoiar a missão. Em 1962, espalhou-se a notícia de que as autoridades cogitavam expropriar o edifício do seminário para abrigar a Escola Superior de Pedagogia. Para começar, o arcebispo proferiu um ato de consagração a Nossa Senhora, confiando a ela o destino do seminário. Depois, ordenou aos seminaristas que antecipassem a volta de um retiro espiritual em que estavam. Em seguida, comunicou às autoridades que, no momento do confisco, ele e todos os religiosos estariam diante do edifício. Com isso, nunca mais se ouviu falar sobre a expropriação.

O apoio dado pelo arcebispo às mães solteiras foi totalmente inédito para a diocese. Uma escolha à qual não faltaram demonstrações de desaprovação de alguns sacerdotes mais velhos, irritados com a ajuda oferecida a pessoas consideradas por eles "em pecado". Ao agir desse modo, argumentavam, não estariam se arriscando a justificar comportamentos errados? Wojtyla foi claro ao responder que o que importava, essencialmente, era proteger mais de 1.500 crianças inocentes.

Em 1974, o cardeal se dirigiu à irmã Bernarda Krzeczkowska, a superior provincial das irmãs da Sagrada Família de Nazaré, e lhe propôs que se encarregasse da administração de uma casa de acolhimento. A religiosa não escondeu dele sua perplexidade: "O que acontecerá se começarmos a despertar o instinto materno nas irmãs mais jovens e elas abandonarem a congregação?", perguntou ela. O arcebispo lhe assegurou: "Vamos correr esse risco, madre. Mas sei que essa é a vontade de Deus, e a senhora verá que o que teme não irá acontecer." De fato, como se provou mais tarde, nenhuma das religiosas jamais deixou a congregação por essa razão em particular. Ao contrário, desde então mais jovens seguiram a vocação.

A primeira mãe solteira chegou à casa da rua Warszawska em 14 de novembro de 1974. A notícia se espalhou rapidamente e começaram a aparecer muitas jovens – e outras nem tão jovens assim – de todos os cantos da Polônia. Wojtyla recomendara que fossem abrigadas todas as mulheres grávidas que se apresentassem, sem exceção, provenientes de qualquer parte do país. Em 1978, a estrutura começou a ficar muito pequena para acomodar todas as moças. Assim, pouco antes de o cardeal participar do conclave, a madre superiora Cherubina Zofia Bokota o procurou, junto com a madre provincial, para saber o que fazer, e ele lhes respondeu que comprassem um novo edifício. A casa foi transferida para a rua Przybyszewskiego 39, e Wojtyla ofereceu, do próprio bolso, um bom adiantamento, enquanto o restante do valor foi pago pela caixa da Cúria diocesana.

Como pontífice, a defesa da vida continuaria sendo uma de suas prioridades. Uma testemunha do processo de beatificação contou que, certa vez, enquanto conversava com ele sobre essa questão, João Paulo II lançou-lhe um olhar penetrante e levantou uma das mãos, num gesto de extrema força. Então, proclamou: "Devemos fazer tudo o que for possível contra o aborto, um crime abominável." O interlocutor ficou paralisado: tanto no gesto como no olhar do pontífice havia a mesma energia que inflamou suas palavras de condenação à máfia e a mesma determinação com que enfrentara as contestações dos sandinistas enquanto celebrava a missa na Nicarágua.

## NA MIRA DO SERVIÇO DE INTELIGÊNCIA POLONÊS

Uma personalidade marcante e respeitada como a de Karol Wojtyla não poderia, certamente, ter passado despercebida pelas autoridades polonesas, que puseram sobre ele os olhos dos serviços de inteligência da polícia secreta. A comissão histórica do processo de beatificação reconstituiu cuidadosamente as fases e a dinâmica com que essa forma de controle se articulou ao longo daqueles anos, colaborando com o Instituto da Memória Nacional polonês, em Cracóvia.

O primeiro sinal de interesse do regime comunista com relação a ele data de maio de 1946, quando seu nome apareceu numa lista compilada pela terceira seção do Escritório Regional de Segurança Pública de Cracóvia: "Karol Wojtyla, residente à rua Podzamcze 8, filho de Karol e Emilia, nascido em 18/5/1920, clérigo, estudante de teologia em Cracóvia." Ao lado aparece a rubrica de Jan Sikora, funcionário encarregado de aprofundar a análise sobre o perfil do jovem seminarista.

Alguns anos depois, no fim de 1949, o agente, que assinava com o pseudônimo de Zagielowski, relatou suas observações sobre a paróquia de São Floriano, em Cracóvia. "Verifiquei a proximidade entre os membros do Círculo dos Jovens Clérigos de dom Kurowski, da paróquia de São Floriano. No entanto, não pude determinar se isso foi registrado. O responsável é o próprio dom Kurowski, agora substituído por um novo vigário, dom Wojtyla, e antes dele por dom Obtulowicz. As reuniões duram até duas horas, eles leem narrativas e se divertem com jogos de salão", escreveu ele, entre outras coisas.

A atenção do serviço secreto parecia limitada, tanto que a anotação seguinte só foi feita no dia 17 de janeiro de 1956, quando o responsável pelo Escritório de Cultos de Cracóvia registrou uma conversa "com o doutor dom Karol Wojtyla, então professor da Universidade Católica de Lublin e de alguns seminários". Em sua conclusão, comentou: "Com respeito ao trabalho e à relação com o movimento social dos progressistas católicos, ele diz que não quer se envolver com essas coisas. Karol Wojtyla é um ardente executor da excomunhão papal relativa aos *Temas essenciais*, de Piasecki, bem como à revista *Dzis i Jutro* (Hoje e amanhã), que nunca leu e continua sem conhecer. Ele nunca prestou juramento de lealdade à República Popular da Polônia."

A pessoa se referia ao periódico fundado em 25 de novembro de 1945 pela associação Pax, que reunia os católicos progressistas, defensores da transformação da Polônia em um sistema socialista. O idealizador do projeto era Boleslaw Piasecki, que no livro *Temas essenciais*, publicado em dezembro de 1954, enquadrava numa ótica católica as condições sociais alteradas. Seis meses depois, o Santo Ofício considerou reprováveis, tanto o livro quanto o periódico *Dzis i Jutro*, por causa das informações falsas difundidas por ele sobre a situação da Igreja Católica na Polônia e da confusão que havia entre doutrina católica e ideologia marxista. A Santa Sé, porém, graças à intervenção do monsenhor Klepacz, que desempenhava as funções de presidente da Conferência Episcopal Polonesa durante a ausência do cardeal Wyszynski (entre 1953 e 1956), decidiu não excomungar Piasecki e sua associação.

Depois da nomeação de Wojtyla como bispo auxiliar de Cracóvia, em 4 de julho de 1958, o interesse das autoridades cresceu de modo exponencial, como demonstra a imensa quantidade de documentos sobre ele. Desse material resulta, de um lado, a intenção do serviço de inteligência em monitorar os contatos do bispo com os círculos culturais de Cracóvia que se opunham ao regime, e, do outro lado, o esforço empregado para criar obstáculos ao seu trabalho. "Desde o fim da década de 1950, Wojtyla se empenha ativamente em organizar os leigos, sobretudo entre as classes cultas e os jovens. Consegue reunir em torno de si muitos colaboradores experientes. Promove inúmeras conferências, reuniões, congressos e encontros com grupos da elite intelectual e de jovens. Wojtyla granjeou grande respeito entre os bispos e o clero paroquial, mas principalmente entre os ativistas católicos." Ele apoiava, em especial, o Clube dos Intelectuais Católicos, que tinha uma atuação bastante marcante em Cracóvia, mas com ramificações nas principais cidades da Polônia, e constituía um polo de atração até mesmo para muitos intelectuais leigos.

No início da década de 1960, denominando-se Grupo F, os serviços de inteligência constituíram uma estrutura destinada especificamente à vigilância constante do bispo Wojtyla. As recomendações aos agentes eram precisas: "É necessário acompanhar sistematicamente todos os discursos oficiais do elemento durante as celebrações eclesiásticas, tanto em Cracóvia quanto na diocese. Em segundo plano, é preciso julgar os discursos sob as seguintes perspectivas: a interpretação dada pelo vigiado às mudanças em nosso país, sejam elas políticas, econômicas ou sociais; a atitude sugerida aos fiéis para a catequese de jovens e de adultos, para a realização do projeto "Grande Novena", etc.; se nos discursos estão presentes insinuações ou apenas alusões contra as autoridades populares."

O interesse das autoridades não se limitava à dimensão pública do trabalho de Wojtyla, mas se estendia, ainda, à sua rotina privada: "É necessária a observação sistemática daqueles que tiverem contato com o bispo Wojtyla no seu apartamento particular. Façam isso depois de terem recebido o sinal do 'Departamento T' sobre encontros programados. Continuem a vigiá-lo 24 horas por dia. Por meio da Divisão de Cultos do Conselho Nacional de Cracóvia e do Departamento para as Políticas do Conselho Nacional para a cidade velha, façam a acusação, junto ao Colégio Deliberativo, de terem sido impedidos de vistoriar o local."

Depois da morte do arcebispo Baziak e da eleição de Wojtyla para vigário capitular, o serviço secreto apertou o cerco. Na época, as nomeações dos bispos deviam obter a aprovação das autoridades polonesas, e assim os representantes eclesiásticos submeteram informalmente listas de candidatos potenciais ao responsável comunista por questões religiosas, Zenon Kliszko. O nome de Wojtyla estava separado, mas Kliszko disse que ele era justamente o preferido do Partido: de fato, pensava-se que ele não se interessasse por questões políticas, mas que fosse, antes de tudo, um homem erudito, um filósofo. "Um homem de diálogo", como Kliszko o definiu ao cardeal Wyszynski.

Não era esse o pensamento dos funcionários da polícia secreta polonesa, que expressaram aos responsáveis políticos forte contrariedade ao nome de Wojtyla: "As razões que se opõem à sua candidatura: o bispo Wojtyla empenha-se sem qualquer reserva nas ações da Igreja. Sendo uma pessoa especialmente dotada e acolhida pela organização, é o único bispo que pode consolidar não apenas os membros da Cúria e o clero diocesano, mas também reunir à sua volta boa parte da elite intelectual e dos jovens católicos, entre os quais goza de grande autoridade. Diferentemente de muitos administradores diocesanos, sabe relacionar-se com os diversos conventos da arquidiocese.

No entanto, apesar de sua aparente flexibilidade e franqueza ao lidar com as autoridades estatais, é um adversário ideológico bastante perigoso."

Nesse meio-tempo, a Santa Sé também se movimentara, enviando para uma investigação confidencial na Polônia o monsenhor Franco Costa, amigo pessoal de Paulo VI e assistente eclesiástico da Ação Católica Italiana. Ao voltar a Roma, Costa disse que ficou muito impressionado com a consistência espiritual e o preparo cultural do jovem bispo Karol Wojtyla. As palavras que ele disse ao papa Montini foram: "A Polônia não dispõe apenas do cardeal Wyszynski. O país também tem bispos mais jovens que certamente têm tanto valor quanto o primaz."

Wojtyla deve ter percebido o que acontecia à sua volta. Supõe-se isso por uma observação que ele fez na conclusão de uma carta enviada ao padre Pio da Pietrelcina em 14 de dezembro de 1963, quando se encontrava em Roma para o Concílio Vaticano II: "Ao mesmo tempo, eu me permito informar as enormes dificuldades pastorais que minha pobre obra encontra na atual situação."

Quando Karol Wojtyla foi nomeado arcebispo de Cracóvia, o serviço secreto intensificou sua operação e ele passou a ser mantido sob vigilância até mesmo em suas visitas ao exterior. Os analistas do Partido Operário Unificado Polonês fizeram este balanço sucinto de seu empenho em Roma: "Graças à sua viva participação no preparo dos documentos conciliares, ao conteúdo dos discursos apresentados durante as sessões do Conselho Vaticano II e aos trabalhos nas comissões, ele foi admirado também no Vaticano. Com isso, não há dúvida de que Wojtyla venha a ser nomeado cardeal pelo papa em junho de 1967."

O título cardinalício lhe foi outorgado por Paulo VI em 28

de junho de 1967. Dessa data em diante, o material de arquivo torna-se, ano a ano, mais volumoso, o que demonstra a consciência das autoridades de que Wojtyla já era o expoente da Igreja Católica na Polônia e, ao mesmo tempo, o adversário mais perigoso do regime comunista polonês.

Nos documentos observa-se que as opiniões se dividiram entre sua personalidade e seu modo de agir, o que deixou transparecer, também, certa admiração da parte de quem os elaborou: "Todos o definem como pessoa capacitada, dedicada e ambiciosa. É considerado um dos bispos mais inteligentes, dotado de racionalidade e de bom senso. Na vida privada, é sociável, direto e modesto. Não impõe aos outros sua dignidade eclesiástica e seus vastos conhecimentos. Não dá muita importância aos valores materiais. Lê muito. Não dá sinais de que procura imitar outras pessoas. Ao agir, sempre faz prevalecer sua própria avaliação das circunstâncias. O cardeal demonstra ser um administrador diocesano enérgico e disposto a tentar novas ideias. Ao mesmo tempo, é dócil e aberto."

## UM SERMÃO INFLAMADO

O arcebispo nunca se esquivou dos pedidos de encontro por parte do governo. Ao contrário, aproveitava essas ocasiões para mostrar sua força moral. A nota a seguir, redigida pelo responsável pela Divisão de Cultos, ilustra bem essa característica dele: "É o primeiro contato pessoal de Wojtyla com as autoridades regionais. Eu nunca o tinha visto em ação. Por isso posso dizer algo sobre ele, comparando-o aos outros. Ele procurava ser um pouco diferente dos que conhecíamos, como Jerzy Karol Ablewicz, arcebispo de Tarnów, e Jan Jaroszewicz, bispo de Kielce, pois suas atitudes e seu modo de ser eram espontâneos. Desde o início do encontro procurou se ajeitar comodamente na poltrona, apoiando o queixo no polegar e fazendo movimentos tranquilos, completamente naturais. Talvez quisesse, assim, acentuar sua autoconfiança, pois fazia questão de que o vissem como alguém importante e influente. Sempre exibia um sorriso benévolo e mostrava ter grande liberdade ao formular seu pensamento. Não tinha pressa em dar respostas, que eram claras e lógicas."

A força de suas argumentações trazia sérias dificuldades aos responsáveis comunistas quando estes eram solicitados a lhe responder questões relativas à diocese. Até mesmo o chefe da delegação da Divisão de Cultos, Kakol, teve de reconhecer isso durante um encontro com Luigi Poggi, o mensageiro do papa, em meados da década de 1970 na Polônia. Durante o processo de beatificação, uma testemunha ocular contou que "em uma pausa da reunião, ao se referir a alguns bispos poloneses, Kakol disse que quando Wojtyla escrevia às autoridades era difícil encontrar uma resposta adequada".

Claras e irrefutáveis, as palavras dirigidas pelo arcebispo a seus interlocutores institucionais eram carregadas, às vezes, de uma energia incomum e arrebatadora. Foi o que aconteceu, por exemplo, durante uma peregrinação a Kalwaria Zebrzydowska, no início da década de 1970. Como relatou uma testemunha, naquela ocasião Wojtyla pronunciou sua mais inflamada homilia contra os governantes comunistas, submetendo-os a uma crítica impiedosa. Na viagem de volta a Cracóvia, perguntaram-lhe: "O que aconteceu, cardeal? Essa foi a primeira vez que ouvi um sermão seu tão rigoroso." E ele respondeu: "Durante a missa, senti entrar em mim uma força, um imperativo ao qual eu não podia dizer não." Uma energia que, daquele momento em diante, sempre intensificaria seus sermões e discursos, deixando as autoridades polonesas ainda mais preocupadas.

O regime sabia perfeitamente com quem estava lidando. Eis o texto de uma das incontáveis análises elaboradas a respeito dele pelos funcionários comunistas, em meados da década de 1970: "A análise da obra da Igreja Católica Romana na Polônia permite declarar que, de alguns anos para cá, a Igreja de Cracóvia ocupa um lugar de destaque, de modo que o peso de dirigir a vida e a atividade eclesiástica na Polônia é, cada vez mais, assunto do centro decisório de Cracóvia. Não pretendendo absolutamente transformar em demônio a figura do arcebispo metropolitano da cidade, é preciso admitir de maneira objetiva, no entanto, que sua sabedoria e sua autoridade consistem, entre outras coisas, na magnífica capacidade de recorrer ao potencial científico que a Igreja de Cracóvia tem à sua disposição, seja utilizando as organizações católicas, seja com o auxílio de personalidades notáveis pertencentes ao ambiente acadêmico da cidade."

Em 1978, quando Wojtyla foi eleito papa, 18 caixas guardavam os documentos sobre ele que o serviço secreto transmitiu ao Ministério do Interior de Varsóvia. Ao deparar com um evento tão inesperado, alguns analistas do serviço político leram esses documentos com um otimismo um tanto simplista e superficial: da colina do Vaticano, argumentavam, tem-se uma vista bem mais ampla do que da colina cracoviense do Wawel. A esperança era de que o cardeal Wojtyla, ao se tornar papa, abraçaria o mundo inteiro com o olhar, o que lhe permitiria constatar as desvantagens do capitalismo e a miséria das realidades subdesenvolvidas, fazendo-o voltar a acreditar nos valores do comunismo. Essa esperança se revelaria vã.

O serviço de inteligência polonês continuou a vigiá-lo por toda a década de 1980, intensificando o controle durante as viagens realizadas pelo pontífice na Polônia em 1979 e depois em 1983 e 1987. Mas, dois anos mais tarde, os ventos da história soprariam impetuosos sobre aquele mapa.

# OS SINOS DE PAULO VI

Em junho de 1967, quando chegou do Vaticano a carta que comunicava sua nomeação como cardeal feita por Paulo VI, Wojtyla estava em uma visita pastoral. O chanceler lhe deu a notícia e o arcebispo retornou à Cúria. Ao chegar, abriu o envelope e leu a carta, colocou-a sobre a escrivaninha e ficou olhando-a, demoradamente, sem dizer uma só palavra. Por fim, o chanceler perguntou se ele confirmava a nomeação e ele respondeu: "Sim, mas ainda posso recusar." O chanceler disse que não era possível opor-se a uma decisão do Santo Padre. Então, todos o parabenizaram e ele pediu que orassem. Ao voltar de Roma, seu único comentário foi: "Levo às costas o presente para a arquidiocese."

A relação que unia Wojtyla a Paulo VI vinha de longa data e estava alicerçada em sentimentos de admiração recíproca e profundo afeto. Em 1962, durante a primeira sessão do concílio, o bispo auxiliar pôde agradecer ao então cardeal Giovanni Battista Montini pelo generoso presente que a arquidiocese de Milão dera à Igreja de São Floriano, em Cracóvia: três sinos novos, abençoados com os nomes de "Virgem Maria", "Ambrogio-Carlo Borromeo" e "Floriano". Quem os pediu foi dom Tadeusz Kurowski, superior da igreja, mas Wojtyla sabia muito bem que Montini pretendia, com esse gesto, exprimir sua benevolência com ele, um dos bispos mais jovens do mundo.

Alguns anos depois, em 1968, Wojtyla esteve entre os poucos bispos que se posicionaram claramente ao lado de Paulo VI durante a reflexão sobre as temáticas do casamento e da procriação, o suficiente para instituir em Cracóvia uma comissão de aprofundamento que forneceu ao papa inúmeros fundamentos contra os argumentos de quem pretendia enfraquecer a posição da Igreja contra os contraceptivos. E quando, em 1968, Paulo VI lançou a *Humanae vitae*, na qual reafirmava a não aceitação dos métodos anticoncepcionais artificiais, Wojtyla preparou um memorial a respeito das consequências doutrinária e pastoral da encíclica, que foi publicado no *Osservatore Romano* em 5 de janeiro de 1969.

No início de fevereiro de 1976, um telefonema do futuro cardeal Wladyslaw Rubin comunicou a Wojtyla que o papa desejava que ele conduzisse os exercícios paroquiais da Quaresma no Vaticano. Como teria apenas 20 dias para preparar os textos, ele decidiu ir para o convento das irmãs Ursulinas Cinzentas, de Jaszczurówka. Lá, até o meio-dia escrevia as meditações – que depois foram publicadas com o título de "Sinal de contradição" –, à tarde ia esquiar e à noite recomeçava a escrever.

Aquela experiência, contou o próprio Wojtyla, "foi particularmente importante para mim, porque me conscientizou de como é necessário que o bispo esteja sempre pronto para falar de sua fé onde quer que o Senhor lhe ordene. E todo bispo precisa estar preparado para essa missão, como esteve o sucessor de Pedro, como esteve Paulo VI e agora eu." Em 1º de novembro de 1993, João Paulo II escreveu para Marek Skwarnicki: "Há controvérsias acerca do cristianismo, de Jesus e de seu Evangelho. Eu mesmo tenho certa predileção por ser um 'sinal de contradição', ainda que não por mérito meu, mas por graça."

Um responsável pela Cúria Romana presente àqueles exercícios espirituais declarou que "Wojtyla teve a coragem de 'polemizar' com o papa. Percebe-se isso, particularmente, na conferência sobre o Getsêmani, na qual ele exprimiu a solidão de Paulo VI. O cardeal descreveu a oportunidade perdida pelos apóstolos no jardim das oliveiras para responder às orações de Jesus e convidou o papa Montini a tentar recuperar aquela possibilidade perdida. Não sabia que, dois anos depois, ele mesmo deveria responder àquele desafio".

Quando Paulo VI morreu, em 6 de agosto de 1978, o cardeal Wojtyla esboçou a alguns amigos um quadro profético das necessidades da Igreja: "Me parece que a Igreja tem necessidade, assim como o mundo, de um papa muito espiritual. Essa deverá ser sua primeira característica – e a mais indispensável –, para que ele possa ser o líder de uma comunidade religiosa. A Ásia, a África e a América Latina debatem novas e problemáticas situações e irão procurar um sucessor de Paulo VI que possa ajudá-las e, principalmente, compreender suas dificuldades."

## O PROFÉTICO "*HABEMUS PAPAM*"

O conclave foi aberto em 25 de agosto de 1978. Na última missa celebrada antes de entrar na Capela Sistina, o cardeal recitou esta oração: "Rogamos-lhe, Pai onipotente, que, se for eleito papa um homem que saiba não ser capaz de suportar o peso da responsabilidade que a função de vigário do Seu Filho investe, o Senhor lhe dê a coragem de dizer, com as palavras de São Pedro: 'Afaste-Se de mim, ó Senhor, porque não sou digno.' Mas, se assumir tal responsabilidade, dê-lhe muita fé, esperança e amor, para que possa carregar a cruz que lhe impõe."

A escolha do veneziano Albino Luciani, que adotou o nome de João Paulo I, foi plenamente compartilhada por Wojtyla: "Acredito que ele seja o homem ideal, graças à sua piedade e à humildade, suscetível à ação do Espírito Santo. É desse papa que a Igreja precisa hoje." Pouco mais de um mês depois, porém, na madrugada de 28 para 29 de setembro, o papa Luciani também morreu.

Wojtyla falou sobre ele: "Suas palavras tocaram profundamente o coração das pessoas que se apinhavam na Praça São Pedro. Desde sua primeira aparição, no balcão principal da Basílica Vaticana, o papa estabeleceu com os presentes uma corrente de simpatia espontânea. Seu rosto sorridente e seu olhar confiante e aberto conquistaram o coração dos romanos e dos fiéis do mundo inteiro. Sua palavra e sua pessoa tinham entrado na alma de todos. Com sua morte repentina, apaga-se o sorriso de um pastor próximo de seus seguidores – um homem que, com serenidade e equilíbrio, sabia dialogar com a cultura e com o mundo."

Foi Józef Mucha, o motorista do arcebispado de Cracóvia, que lhe comunicou a morte de João Paulo I. O cardeal estava sentado à mesa do café da manhã e, ao ouvir a notícia, foi tomado por uma intensa emoção, deixando cair no prato a colher que segurava. Pouco depois, uma enxaqueca violenta obrigou-o a cancelar a viagem programada para aquele dia. Foi à capela rezar e disse aos membros da secretaria, pensativo: "O que o Senhor quer nos mostrar com a morte de nosso pontífice?"

Antes de tomar o avião para retornar a Roma, em 13 de outubro de 1978, o cardeal Wojtyla visitou a paróquia de São José, em Zlote Lany, um novo bairro residencial de Bielsko-Biala. Na volta, celebrou a missa em sufrágio da alma do falecido papa e depois foi para Varsóvia, a fim de acompanhar os trabalhos da Conferência Episcopal Polonesa. Finalmente, partiu para o Vaticano, "sem saber que aquele seria seu novo lar", como ele mesmo comentou. Quase como um pressentimento, quando o motorista que o levara ao aeroporto lhe desejou que voltasse logo e bem, ele respondeu com voz séria e triste: "Nunca se sabe."

Em 14 de outubro, Wojtyla entrou novamente em conclave. Dois dias depois, às 17h15 de 16 de outubro de 1978, foi eleito o 263º sucessor de São Pedro, o primeiro papa não italiano desde a morte do holandês Adriano VI, em 1523. Algumas horas antes, o cardeal Wyszynski tinha recordado ao coirmão Léon-Etienne Duval, arcebispo de Argel, que aquele era o Dia de Santa Edwiges, rainha da Polônia, sugerindo-lhe, com isso, votar no cardeal de Cracóvia. E assim o descreveu: "É um místico, um poeta, um pastor, um filósofo, um santo... mas é um mau administrador", referindo-se às dificuldades encontradas, a seu ver, não tanto na gestão dos bens materiais, e sim na organização do governo da Cúria.

No momento da eleição, certamente voltou à memória de Wojtyla a profecia do bispo de Cracóvia Eugeniusz Basiak no dia em que lhe informou que seria seu auxiliar. Baziak, na época, tomara o jovem Karol pelo braço e o conduzira à sala de espera, onde alguns sacerdotes estavam sentados. Depois, anunciara em voz alta: "*Habemus Papam.*"

Logo depois da eleição, outro de seus antigos mestres, o reitor do Colégio Belga, Maximilien de Furstenberg, que se tornara cardeal, dirigiu a João Paulo II esta significativa mensagem de encorajamento: "*Magister adest et vocat te*" – O Mestre (Jesus) é quem o chama. O pontífice lhe respondeu: "Obedecendo à fé em Cristo, meu Senhor, confiando na Mãe de Cristo e na Igreja, apesar das enormes dificuldades, eu aceito." Essas palavras marcariam todo o seu ministério papal.

## *Capítulo 2*

# O PAPA

## ROMA: A SEGUNDA CASA DOS POLONESES

Em 16 de outubro de 1978, pela primeira e única vez na história da República Popular Polonesa, o telejornal da noite não começou com a pontualidade habitual. Quando, finalmente, o locutor apareceu na tela, com o rosto contraído numa expressão de constrangimento e tensão, todos compreenderam que algo extraordinário tinha acontecido, pegando as autoridades comunistas de surpresa. Procurando minimizar a dimensão histórica daquele evento, o apresentador anunciou a eleição de Karol Wojtyla ao pontificado. O tons de cinza da transmissão em preto e branco, que para muitos, estão ligados àquela recordação, de repente pareciam se colorir de esperança. O público, ainda incrédulo, escancarava as portas de casa e ia tocar a campainha dos vizinhos, perguntando: "Já soube o que aconteceu?" Nas ruas, as pessoas pareciam agitadas, abraçando-se e se cumprimentando, enquanto os sinos das igrejas repicavam em uníssono.

"Eu, minha noiva e alguns amigos tínhamos decidido ir ao cinema depois do jantar. Mas aquela notícia nos fez mudar de ideia e nos encontramos na paróquia, exultantes, para festejar", contou uma testemunha do processo de beatificação. Todos estavam unidos ao compatriota que tinha sido eleito pelos cardeais do mundo inteiro como o mais adequado para conduzir a Igreja ao terceiro milênio cristão.

Nos anos seguintes, o Vaticano se tornaria uma segunda casa para muitos poloneses, um espaço acolhedor onde poderiam compartilhar momentos ligados às suas tradições e à sua terra, principalmente durante as festas de fim de ano. Os estudantes do antigo Colégio Pontifício Polonês, os velhos amigos de Cracóvia e os compatriotas que trabalhavam na Cúria Romana costumavam celebrar com o pontífice a cerimônia do Oplatek, em que trocavam cumprimentos e dividiam uma hóstia especial não consagrada. "O encontro era marcado por um telefonema de dom Stanislaw, que dizia: 'Hoje à tarde o papa quer que todos venham entoar os cânticos de Natal'", recordou um dos participantes mais assíduos. "Nos encontrávamos em sua biblioteca particular, em um clima muito familiar. Sentávamos em volta de João Paulo II e cantávamos em coro. Com sua linda voz, ele entoava a parte principal, naturalmente. Havia uma canção de ninar de que ele gostava muito e para a qual inventava novos versos, que adaptava à situação do momento e a quem estava presente."

Os convidados sabiam que aquele encontro não era simplesmente um presente que João Paulo II reservava a seus amigos queridos. Como havia sido privado desde muito jovem das relações familiares, ele precisava sentir-se acolhido por uma família composta de pessoas com as quais estabelecia laços profundos e duradouros. De algum modo, isso também explica a quantidade de confidências que o papa fez em seus discursos durante todo o pontificado, que permitiram traçar uma verdadeira "autobiografia do coração".

Não é nada fácil resumir um pontificado como o de João Paulo II, o terceiro mais longo da história, com os seus quase 27 anos. Os momentos mais importantes foram divididos em quatro fases. A primeira é a do pontificado entusiasta, do papa que percorre novos caminhos, que conhece a realidade do mundo, sai do Vaticano, interage com toda a Igreja. A segunda fase trata do atentado à sua vida, das doenças, do sofrimento, do período que ficou hospitalizado, da cruz que ele carregou. A terceira fase é a da sua elevação à cruz, confinado a uma cadeira de rodas. A última fase foi a da sua morte, que teve uma dimensão pascal e é parte integrante de toda a sua vida.

O fato é que o pontificado de João Paulo II foi marcado pela ruptura em relação ao passado. Essa característica ficou clara desde o início, quando ele pôs em discussão a tradição dos brasões pontifícios, decidindo conservar o que tinha desde que era arcebispo, com a grande cruz em campo azul e o M (de Madona) no quadrante baixo, à direita, simbolizando Nossa Senhora aos pés de Jesus crucificado. Os especialistas em heráldica ficaram estarrecidos, mas nada puderam fazer. O pontífice não queria nem mesmo a representação da tiara sobre o brasão. Estava disposto, no máximo, a permitir a mitra. No entanto, as exigências administrativas, com todas as suas tradições históricas, abalaram a firmeza de Wojtyla, que concordou em usar a tiara.

Foi também surpreendente sua decisão de ir visitar, no dia seguinte à eleição, o monsenhor Andrzej Maria Deskur na Policlínica Agostino Gemelli, onde estava internado. Ao agir como uma pessoa comum, indo ver um amigo – o que já fizera em 14 de outubro, antes de entrar em conclave – na sua primeira saída oficial do Vaticano, ele quebrou a tradição e não seguiu o protocolo, deixando alguns perplexos. Quem o conhecia bem, porém, viu nessa escolha um gesto sincero de gratidão a um homem que ele sempre consideraria um dos mais empenhados no seu pontificado.

Wojtyla e Deskur se conheceram em Cracóvia, em 1945, quando ambos ocupavam cargos diretivos na associação dos estudantes universitários católicos Bratmia Pomoc. Apesar dos quatro anos de diferença entre eles, a amizade estreitou-se no seminário e permaneceu sólida mesmo quando, depois da ordenação sacerdotal, Deskur foi transferido para a Secretaria de Estado do Vaticano para cuidar da comunicação, tornando-se presidente da Comissão Pontifícia em 1973 e bispo em 1974.

Para Wojtyla, portanto, Deskur se tornou um ponto de referência essencial para as viagens de trabalho a Roma. Sempre que precisava ir ao Vaticano, dormia na casa dele, fazia-lhe confidências e contava sobre seus projetos. Durante as sessões do Concílio Vaticano II, Deskur também foi o confessor de Wojtyla, que o promoveu a arcebispo em 1980, nomeou-o presidente emérito do Concílio Pontifício das Comunicações Sociais em 1984 e o fez cardeal no ano seguinte.

Três dias antes da eleição ao pontificado, Deskur sofreu um derrame e foi levado para o hospital. Poucos achavam que ele conseguiria sobreviver. "Não obedeci somente a um impulso do coração para ir visitar um amigo qualquer", explicou João Paulo II num discurso em 21 de dezembro de 1980. "Na época – e posso confirmar isto agora que já se passaram dois anos –, quis mostrar como acredito que deva ser o formidável ministério do sucessor de São Pedro. Naquela ocasião, eu disse aos doentes que contava muitíssimo com eles. Com suas preces e, acima de tudo, com o oferecimento de seus sofrimentos, eles poderiam me enviar uma força especial, da qual eu precisava – e ainda preciso – para cumprir de maneira mais digna meus deveres no âmago da Igreja de Cristo."

"Meu sofrimento apoia esse fecundo pontificado. Assim quis Maria, e sou seu servo!", escreveria o próprio Deskur no *Osservatore Romano* em 11 de dezembro de 2003, depois de ter sobrevivido ao derrame, embora tivesse ficado dependente de uma cadeira de rodas.

A existência de uma correlação especial, na vida dos homens de fé, entre o sofrimento e a ajuda espiritual oferecida por outras pessoas através desse sofrimento era uma convicção arraigada em Karol Wojtyla, e o fato de sua própria eleição ter coincidido com o início de uma grave doença de um de seus amigos mais próximos confirmava essa crença.

Logo depois da eleição, ele escreveu uma nota que não foi divulgada ao público: "Não consigo deixar de estabelecer uma relação entre o fato de eu ter sido eleito papa no dia 16 de outubro e o triste acontecimento de três dias antes. O sacrifício de Andrzej, meu irmão de episcopado, me parece uma preparação para eu ter sido escolhido. Por meio do seu sofrimento, tudo foi escrito no mistério da cruz e da redenção operada por Cristo. Também encontro certa analogia com um evento que aconteceu 11 anos antes, em 1967: quando fui a Roma para o consistório, me convocaram para participar do Colégio Cardinalício. Nessa mesma época, meu amigo dom Marian Jaworski perdeu uma das mãos num acidente ferroviário perto de Nidzica." E ele concluiu o texto com a frase "*Debitor factus sum*", que quer dizer "Passei a devedor".

Wojtyla pedira a dom Jaworski que o substituísse como pregador em um ciclo de exercícios espirituais. Durante a viagem, porém, houve um acidente com o trem e o sacerdote sofreu amputação traumática de uma das mãos.

Jaworski também era um amigo de longa data, embora seis anos mais novo. Tinham se conhecido em 1951, em Cracóvia, quando Wojtyla estudava para o doutorado. Em 1959, depois de ser nomeado bispo, Karol foi viver na residência dele e, em 1963, quando Jaworski se tornou bispo da cidade, os dois se transferiram para o palácio do arcebispo. Tinham em comum interesses filosóficos e teológicos e o cargo na faculdade de teologia de Cracóvia, onde Jaworski lecionou e foi diretor. Em 1984, João Paulo II o nomeou bispo e, em 1991, promoveu-o a arcebispo de Lviv dos Latinos, na Ucrânia. Foi nomeado cardeal *in pectore* – quando a nomeação é feita pelo papa, mas o nome não é divulgado – no Consistório de 1998 e seu novo cargo se tornou de conhecimento do público em 2001, permitindo-lhe, desse modo, participar do conclave que elegeu Bento XVI em 2005.

Há um terceiro polonês cujo nome não é possível separar do de João Paulo II, embora ele seja 19 anos mais novo. Trata-se, obviamente, do atual arcebispo de Cracóvia, Stanislaw Dziwisz, que em 1957 conheceu Wojtyla como docente de filosofia e, em seguida, de teologia moral e de doutrina social da Igreja. Em 1966, Wojtyla pediu que ele fosse seu secretário particular. Nessa função, Dziwisz o acompanhou a Roma para o conclave e permaneceu a seu lado durante todo o pontificado. Em 1988, João Paulo II quis consagrá-lo bispo. Ele argumentou que era muito jovem, mas Karol Wojtyla se limitou a dizer que com a mesma idade já se tornara papa!

Uma mulher, Wanda Poltawska, também fazia parte de seu círculo de amigos mais próximos. Wojtyla a conheceu quando ele dava aulas a jovens universitários e pediu que ela fosse curada de um tumor, obtendo a intercessão do padre Pio da Pietrelcina. Camponesa católica de Cracóvia, ela tinha sido capturada pelos nazistas e levada para o campo de concentração de Ravensbrück, onde foi submetida a experiências médicas desumanas. Depois de sobreviver aos horrores do campo, Wanda se dedicou ao estudo da psiquiatria. Ele passou a orientá-

-la espiritualmente e entre os dois surgiu uma intensa amizade, que continuou intacta mesmo durante os anos do pontificado, quando ela e a família eram convidadas ao Vaticano e a Castel Gandolfo, no verão.

Uma carta escrita em 20 de outubro de 1978 mostra, com toda a clareza, apenas quatro dias após a eleição, como essa amizade era importante para João Paulo II: "O Senhor decidiu que se tornasse realidade tudo aquilo que você, Wanda, de algum modo, predisse depois da morte de Paulo VI. Agradeço a Deus por ter me dado tanta paz interior que evidentemente ainda me faltava em agosto e que me permitiu viver este momento com tranquilidade. [...] Em tudo isso, eu penso em você. Sempre achei que você, no campo de Ravensbrück, sofreu por mim também. [...] A ideia de que vocês são a minha família e você é minha irmã foi a base dessa convicção." No fim, ele não assinou como papa, mas com o apelido pelo qual Wanda o tratava: "Irmão".

## A ESCOLHA DE SEUS COLABORADORES

Muitos se perguntaram quais foram os critérios em que João Paulo II se baseou para escolher os responsáveis pelos vários ofícios da Santa Sé e para nomear os bispos, entre as milhares de dioceses católicas do mundo. Quem o conheceu bem afirma que Wojtyla tinha tendência a identificar personalidades de prestígio e inseri-las como peças do mosaico de seu projeto pastoral.

Se, para substituto na arquidiocese de Cracóvia, a escolha de Franziszek Macharski foi natural – pois assim dava continuidade a duas décadas do ministério de Wojtyla –, causaram muita estranheza as nomeações do então arcebispo de Mônaco, Joseph Ratzinger, para a direção da Congregação para a Doutrina da Fé, e do jesuíta Carlo Maria Martini, na época reitor da Pontifícia Universidade Gregoriana, para o arcebispado de Milão. Esses homens eram figuras de prestígio escolhidas pelo pontífice independentemente de consultas ou sugestões.

Wojtyla considerava o cardeal Ratzinger uma das personalidades mais respeitáveis da Igreja e um pastor de grandes virtudes. Escolheu-o, em 1981, porque queria ter a seu lado um teólogo para ajudá-lo a pôr em prática os ensinamentos do Concílio Vaticano II. "É o último teólogo do Concílio", disse João Paulo II a um amigo. Sua colaboração foi sólida e frutífera, e o próprio Wojtyla reconhecia que o perfil teológico do seu pontificado tinha sido essencialmente moldado pelo religioso.

Sua relação com o cardeal Martini, no entanto, não foi tão natural. Wojtyla o conhecia desde os tempos de Cracóvia, quando o convidara à Polônia para realizar algumas conferências sobre a Escritura Sagrada. Hospedou-o no palácio arquiepiscopal e os dois conversavam com frequência. Para Martini, foi uma surpresa ser convidado, pouco antes do Natal de 1979, para um encontro no Vaticano. Quando João Paulo II propôs que ele se tornasse arcebispo de Milão, o jesuíta expressou suas dificuldades e explicou que, por sempre ter sido professor, não tinha nenhuma experiência com os fiéis. Wojtyla argumentou: "Não é o senhor que irá às pessoas, e sim elas que virão até o senhor."

O papa tinha sido informado de que Martini participava das atividades pastorais na comunidade de Santo Egídio, dedicando-se tanto aos serviços prestados aos pobres quanto à celebração das missas nos arredores de Roma. Assim, para refutar a objeção do jesuíta sobre sua própria inexperiência pastoral, bastou lhe perguntar: "E o que fazia aos domingos com a comunidade de Santo Egídio?" Depois disso, algumas pessoas tiveram a impressão de que um clima de tensão se instalara entre eles, como entre dois professores universitários que têm opiniões divergentes sobre determinado assunto. O respeito mútuo, porém, nunca diminuiu.

Camillo Ruini também foi escolhido pessoalmente por João Paulo II. Na época, era bispo auxiliar da Reggio Emilia e o papa recebera boas indicações a seu respeito. No início de 1985, convidou-o para jantar no Vaticano e conversou com ele sobre a situação eclesiástica na Itália. Tendo encontrado no cardeal plena sintonia com seus pontos de vista, pediu então que ele escrevesse um rascunho para o discurso que faria no Segundo Congresso da Igreja Italiana, em Loreto, em abril de 1986. Provavelmente, foi em virtude dessa convergência extraordinária de perspectivas que, em junho de 1986, Ruini foi nomeado secretário-geral da Conferência Episcopal Italiana e promovido a presidente cinco anos depois. No início de seu pontificado, João Paulo II não sentiu os bispos italianos muito próximos, mas, ao avaliar o trabalho de Ruini, afirmou que o cardeal "restabelecera a unidade do episcopado italiano com o pontífice".

Com o passar do tempo, João Paulo II confiou cada vez mais nas sugestões da Secretaria de Estado e da Congregação dos Bispos. Até mesmo para a Itália ficou estabelecido que seria função do núncio, e não da comissão especial, avaliar os possíveis candidatos para as vagas nas dioceses, como já era feito nas outras nações. Era proposta a João Paulo II uma lista tríplice de nomes, em ordem de preferência da congregação, e ele normalmente escolhia o primeiro da relação. Mas não hesitava – sobretudo quando percebia eventuais pressões exercidas por determinado candidato – em optar por alguém cujo nome não constava da lista.

Apesar do cuidado que dedicava à questão, às vezes ele ficava desiludido com alguma nomeação. Houve um caso, no qual provavelmente confiara demais em algum colaborador, em que fizeram objeção ao candidato que ele próprio escolhera, mas João Paulo II logo respondeu: "Receio que seja tarde demais."

Depois, enquanto se dirigia à capela para rezar, acrescentou, num sussurro: "Se mentiram para mim, prejudicaram a si mesmos. Não sou eu que dirijo a Igreja, mas Jesus Cristo." E a um amigo de longa data que, ao ouvi-lo falar com certa reserva sobre a Cúria Romana como se ela fosse algo difícil com que precisava lidar, dissera: "Mas o senhor é o papa e pode escolher quem quiser", Wojtyla retrucou, sem rodeios: "Mas não é tão fácil encontrar as pessoas certas."

## UMA FIRMEZA SUSTENTADA PELA HUMILDADE

Desde os primeiros meses do pontificado, João Paulo II revelou sua intenção de promover a modernização da Igreja segundo as indicações do Concílio Vaticano II. Envolveu diversos especialistas num longo trabalho de reflexão e aprofundamento, e o resultado foram os dois Códigos de Direito Canônico – um para o Ocidente e o outro para o Oriente, publicados, respectivamente, em 24 de janeiro de 1983 e 18 de outubro de 1990 –, o novo catecismo da Igreja Católica – promulgado em 9 de dezembro de 1992 – e a reorganização da Cúria Romana – com a constituição apostólica *Pastor bonus*, de 28 de junho de 1988.

O papa Wojtyla sabia bem quais eram as funções da Cúria Romana, que – com base nos antigos dicastérios (ou departamentos) instituídos por Sisto V no fim do século VI – modificara gradualmente sua estrutura para poder responder cada vez melhor às exigências do tempo. E reconhecia o papel fundamental das congregações como órgãos "de governo". Porém, concentrava sua visão da Secretaria de Estado e dos outros escritórios vaticanos no intuito de enfrentar, de maneira eficaz, os problemas pastorais da modernidade. Portanto, ao delinear o aparato organizacional que pretendia implementar, pediu aos elaboradores do projeto que valorizassem a instituição dos Concílios Pontifícios, transformando-os em entidades de "diálogo e contato" para aprimorar as interações com o mundo e com outras religiões. O mais importante para ele era o Concílio Pontifício da Cultura, pois esse órgão deveria ser considerado "o horizonte de trabalho de todos os dicastérios, assim como é na vida de todos os homens e povos".

Na fase inicial de seu pontificado, os prefeitos das congregações encontravam-se com João Paulo II em audiências periódicas e lhe expunham os problemas sobre os quais desejavam ouvir sua opinião. Com o passar do tempo, porém, permaneceram fixas apenas as audiências com os prefeitos das Congregações para a Doutrina da Fé, para os Bispos e para a Evangelização dos Povos. Segundo muitas testemunhas, isso acabou afetando o relacionamento com alguns dicastérios.

O fato é que em diversas ocasiões João Paulo II se viu obrigado a exercitar a virtude da paciência, mas a consciência de seu papel, quando surgiam tensões no círculo de seus colaboradores mais próximos, não lhe permitia ceder.

Ele já dera prova dessa firmeza quando era arcebispo de Cracóvia, como demonstra um episódio significativo descrito por George Weigel em sua biografia *Testemunho de uma esperança*: "Um membro da equipe do arcebispo, dom Tadeusz Pieronek, pressionando para que ele assumisse determinada posição, disse: 'Eminência, o senhor deve fazer isso.' 'Não posso', respondeu Wojtyla. Nervoso, dom Pieronek retrucou: 'Pode sim.' 'Não posso', insistiu o arcebispo, agitado. E o sacerdote, já meio irritado, repetiu pela terceira vez: 'Pode sim.' Wojtyla então tirou a cruz de seu peito e a entregou a ele, dizendo: 'Aqui está, governe você...' Dom Pieronek ficou sem palavras e a discussão terminou."

No Vaticano, ao não ver outro modo de ir adiante, Wojtyla era capaz de bater com os punhos na mesa e reagir com determinação. Quando um membro da Cúria Romana teimou em impor a própria opinião, João Paulo II pôs fim à discussão dizendo: "Acho que eu também possuo o Espírito Santo." E certa vez, não conseguindo que alguém muito estimado aceitasse sua decisão, ele confirmou a nomeação e encerrou a discussão com a frase: "Agora só me resta rezar."

O papa rezava todos os dias, não só para os bispos consagrados por ele e para os sacerdotes que ordenara, mas para a Cúria Romana inteira. Mantinha ao lado do genuflexório uma cópia do Anuário Vaticano, com a lista nominal dos funcionários, e dera instruções à sua comitiva de levar aquele documento também para Castel Gandolfo. Depois de celebrar a missa, sempre dirigia uma intenção a todos eles.

Sua consideração pelos trabalhadores se estendia aos níveis hierárquicos menos elevados, como demonstra o relato de um guarda suíço. O homem estava de serviço diante do apartamento pontifício numa noite de Natal quando diversas personalidades eclesiásticas procuraram o papa para cumprimentá-lo: "De todos, o único que também falou comigo foi o papa, que abriu a porta para me desejar feliz Natal."

Tal humildade nas relações humanas também se refletia no âmbito oficial. No Vaticano, por exemplo, quando um funcionário deve dar seu parecer sobre determinada questão que será julgada em um grau mais elevado, é hábito acrescentar, no fim do texto, a sigla "SMJ" – isto é, "*salvo meliore judicio*", que quer dizer "salvo melhor juízo". João Paulo II valorizava tanto a competência alheia que também seguia esse costume, acrescentando a sigla de próprio punho ao fim de qualquer documento que tivesse lido e sobre o qual, mesmo depois de ter expressado sua autorizada indicação, desejava receber outras opiniões.

## "O SANGUE É QUE IRÁ CONVERTER"

Em 12 de março de 1981, João Paulo II visitou o centro médico do Vaticano. Acompanhado pelo doutor Renato Buzzonetti, diretor do complexo e seu médico pessoal, o papa conheceu as dependências e se encontrou com os funcionários. Apontando-lhe uma ambulância estacionada na saída, o médico o convidou a benzê-la. Enquanto espargia água benta, João Paulo II disse: "Dou minha bênção também ao primeiro paciente que usar esta ambulância." Não poderia imaginar que, 24 horas depois, seria ele próprio a primeira pessoa a ser transportada por aquele veículo.

"Se a palavra não converteu, o sangue converterá", escrevera o cardeal Wojtyla, pouco antes de ser eleito ao pontificado, no poema "Stanislaw", dedicado ao santo mártir de Cracóvia. O atentado que sofreu em 13 de maio de 1981, cometido pelo turco Ali Agca, conferiria a esses versos uma evidente consistência autobiográfica, modificando radicalmente a percepção que o papa tinha da própria missão. Naquele momento começaria o seu calvário, iluminado pela consciência de ter recebido novamente a vida, como dádiva, para então ofertá-la a toda a humanidade. "Para um homem, e sobretudo para um padre, não há nada mais belo e maior do que Deus se servir dele", respondeu, certo dia, a alguém que o questionou sobre o sentido daquele episódio dramático. Ele considerava os ferimentos provocados pelos tiros "uma graça", porque, por meio do sofrimento, podia dar testemunho a Cristo e evangelizar.

Em 1991, 10º aniversário do atentado, João Paulo II foi a Fátima, em Portugal, agradecer a Nossa Senhora. Segundo uma testemunha do processo de beatificação, antes que a missa começasse, um dos cardeais presentes dirigiu-se a ele e disse: "Santo Padre, meus cordiais cumprimentos por seu aniversário." O papa ouviu aquelas palavras e prosseguiu, mas em seguida parou, se virou e respondeu: "O senhor tem mesmo razão, a primeira vida me foi dada, mas a segunda me foi presenteada há 10 anos." Um presente pelo qual ele adquirira o hábito de celebrar, na tarde de todo dia 13 de maio, na hora do atentado, uma santa missa de agradecimento, em sua capela particular.

O pontífice manifestou a convicção absoluta de que quem intercedera por sua vida fora a Virgem de Fátima. Mal recuperou as forças, pediu à seção polonesa da Secretaria de Estado que procurasse todos os livros dedicados às aparições de Maria aos três pequenos pastores, de modo que ele pudesse compreender os detalhes dos episódios. Um amigo que o visitou na Policlínica Gemelli na tarde de 14 de maio lhe disse: "A Virgem cuidará de Sua Santidade no sofrimento." O papa então lhe respondeu, convicto: "Ela esteve ao meu lado o tempo todo. *Totus tuus*."

Nos dias anteriores ao atentado, o pontífice começara a preparar o texto para a solenidade de Pentecostes, a ser realizada em 7 de junho de 1981 na Basílica de Santa Maria Maior, em Roma, em comemoração aos 1.600 anos do primeiro Concílio de Constantinopla e aos 1.550 anos do Concílio de Éfeso. Recomendara a seus colaboradores que dividissem o discurso em três atos: de veneração, de agradecimento e de confiança em Nossa Senhora. O último era seu preferido, pois desejava colocar a humanidade inteira nas mãos de Maria – uma ideia que ele repetiu em muitas ocasiões, até diante da estátua original da Virgem, que fez vir especialmente de Fátima para a Praça São Pedro.

João Paulo II sabia que era alvo potencial de um atentado criminoso: "Não havia nada mais fácil do que atirar no papa, que não usava qualquer tipo de proteção nas aparições ao público", comentou ele. Essa consciência, porém, não o fez evitar o contato com a multidão nem adotar medidas especiais de proteção. Enquanto assistia a um programa de televisão sobre o ato criminoso, ele se dirigiu a um convidado que tinha ido visitá-lo e lhe disse com tranquilidade: "Queriam que eu pusesse um colete à prova de balas para estar sempre em segurança... Mas o pastor deve estar sempre no meio de suas ovelhas, mesmo que isso custe a ele a própria vida."

Algum tempo antes do crime, o serviço secreto italiano alertara que as Brigadas Vermelhas, uma organização terrorista, planejavam sequestrar João Paulo II. Talvez tenha sido por isso também que, logo depois do ferimento, o papa compartilhou com o secretário dom Stanislaw a observação instintiva: "Como fizeram com Bachelet", referindo-se ao vice-presidente católico do Conselho Superior de Magistrados, assassinado em Roma pelas Brigadas em 12 de fevereiro de 1980.

Até mesmo o Santo Padre, obviamente, se questionou sobre as motivações do atentado, mas a interpretação espiritual do dramático episódio tinha um peso muito maior para ele. Isso talvez explique por que tenha preferido deixar a cargo da Secretaria de Estado a definição da conduta oficial da Santa Sé no âmbito do processo contra Ali Agca, bem como o pronunciamento sobre o fato de lhe conceder ou não o perdão.

Mesmo assim, João Paulo II contou aos mais próximos que tinha conversado sobre a chamada "pista búlgara" com o secretário comunista russo Mikhail Gorbatchov e com o general polonês Wojciech Jaruzelski. O primeiro lhe informou que não havia encontrado nada nos arquivos estatais da antiga União Soviética que sustentasse tal hipótese, enquanto Jaruzelski lhe disse ter pedido esclarecimentos a Todor Zivkov, chefe do Partido Comunista búlgaro, que respondeu: "Companheiro, você acha que somos imbecis? Se um dos nossos estivesse por trás do atentado, nós o teríamos feito sumir no dia seguinte."

## A "CARTA ABERTA" A ALI AGCA

Em 27 de dezembro de 1983, João Paulo II foi à prisão de Rebibbia, em Roma, e teve uma longa e intensa conversa com o homem que atentou contra a sua vida. Mais tarde, o pontífice declarou: "Hoje me encontrei com meu agressor e lhe concedi novamente meu perdão, como já fizera assim que foi possível. Nós nos encontramos como homens e como irmãos, e tudo o que aconteceu em nossas vidas até hoje nos conduziu a essa irmandade."

O papa logo perdoou Ali Agca, anunciando isso ao mundo já no "Regina Coeli", que recitou em 17 de maio de 1981 da Policlínica Gemelli: "Peço pelo irmão que me atacou, a quem perdoei de todo o coração." Sua atitude, como ficou claro nos diversos testemunhos, ganhou imediatamente um valor emblemático e tocou a consciência de várias pessoas, entre elas a do general polonês Jaruzelski. Depois de ter sido gravemente ferido num atentado em 1994, ele decidiu não perseguir os responsáveis, explicando como o exemplo do pontífice falara a seu coração.

E a "carta aberta" que o papa começou a preparar em 11 de setembro de 1981, para ser lida na audiência geral de 21 de outubro, é inédita. Ele acabou decidindo não divulgá-la, preferindo se manter cauteloso em relação às investigações em curso. Nas duas folhas do manuscrito encontradas com riscos sobre o texto está escrito:

> Hoje desejo novamente dedicar algumas palavras ao episódio de 13 de maio. Naquele dia, dois homens se encontraram e um tentou tirar a vida do outro. A divina Providência, porém, permitiu que essa vida fosse poupada. Por isso, o outro homem teve a oportunidade de se dirigir ao primeiro e falar com

ele. O mais importante é que nem mesmo um episódio como aquele conseguiu abrir um abismo entre os dois homens e não criou um silêncio definitivo. Cristo, a palavra encarnada, nos ensinou a verdade da importância do contato entre as pessoas, mesmo que os acontecimentos as afastem.

O que eu quero lhes dizer hoje, meus caros ouvintes, é direcionado para esse meu irmão que, em 13 de maio, quis tirar minha vida. Mesmo que isso não tenha ocorrido, ele foi a causa de muitas feridas, das quais precisei cuidar durante vários meses. Por isso, minhas palavras de hoje serão, em certo sentido, uma "carta aberta".

A primeira palavra desta carta – ou melhor, deste "discurso" aberto – já foi dita publicamente em 17 de maio, durante o "Angelus" (na verdade, tratava-se do "Regina Coeli"). Mas considero a chance de tê-la pronunciado ainda na ambulância que me levava do Vaticano à Policlínica Gemelli – onde foi feita a primeira e decisiva intervenção cirúrgica – fruto de uma graça particular concedida a mim por Jesus, meu senhor e mestre. Creio que era uma graça particular de Jesus crucificado que, entre diversas palavras ditas no Gólgota, falou, antes de tudo: "Pai, perdoa-os, porque não sabem o que fazem." O ato do perdão é a primeira condição – e a mais fundamental – para que nós, homens, não sejamos postos uns contra os outros, como inimigos. Porque junto a Deus, que é nosso Pai, buscamos o entendimento, a união.

O texto que João Paulo II proferiu na audiência geral de 1º de outubro é, de algum modo, dedicado ao perdão, definido como "a graça e o mistério do coração humano". Depois de ter recordado o "Regina Coeli" de 17 de maio e de ter citado as passagens evangélicas nas quais Cristo fala do perdão, o papa continuou: "Quando o homem que atentou contra a minha vida foi processado e recebeu a sentença, pensei na história de Caim e Abel, que relata o 'início' do pecado contra a vida humana. Agora que esse pecado ressurgiu de modo ameaçador, com tantos homens inocentes perecendo pelas mãos de outros homens, a descrição bíblica do que aconteceu entre Caim e Abel torna-se particularmente convincente, ainda mais completa e perturbadora do que o sexto mandamento, 'Não matarás'."

E concluiu: "Cristo nos ensinou a perdoar. O perdão é indispensável, até para que Deus possa inserir questionamentos na consciência humana, para os quais Ele espera resposta em toda a nossa verdade interior. Hoje em dia, em que tantos homens inocentes são mortos por outros homens, impõe-se uma necessidade especial de se aproximar de cada um dos assassinos com o perdão no coração e com a mesma pergunta que Deus, Criador e Senhor da vida humana, fez ao primeiro homem que atentou contra a vida do irmão, tirando aquilo que é propriedade apenas do Criador. Cristo nos ensinou a perdoar. Ensinou Pedro a perdoar 'até setenta vezes sete' (Mateus 18:22). O próprio Deus perdoa quando o homem responde à pergunta dirigida à sua consciência e ao seu coração com toda a verdade interior da conversão. Deixando ao próprio Deus o juízo e a sentença na sua dimensão definitiva, não paramos de pedir: 'Perdoai as nossas ofensas, assim como nós perdoamos a quem nos tem ofendido'."

## "ABRAM AS FRONTEIRAS DOS ESTADOS"

Para as autoridades polonesas, 1981 foi um *annus horribilis*, uma vez que o atentado de 13 de maio ao pontífice e a morte do primaz Stefan Wyszynski, em 28 de maio, coincidiram com um período de muita tensão no plano político-social interno, que inevitavelmente se refletiu nas relações do regime de Varsóvia com a União Soviética.

A agitação provocada pelo Solidariedade, o sindicato operário fundado em agosto de 1980 para protestar contra a crise econômica na Polônia e reivindicar mais direitos para os trabalhadores, suscitou sérias preocupações nos dirigentes soviéticos, que obrigaram as autoridades polonesas a pôr fim àquelas greves, caso contrário o Exército Vermelho iria intervir.

Entre a primavera e o verão de 1981 houve reuniões cada vez mais agitadas entre os líderes do Partido Comunista polonês para decidir o que fazer. Jaruzelski, que naquele estado de emergência acumulara o cargo de chefe de Estado com o de secretário do Partido, sabia muito bem que qualquer estratégia adotada teria João Paulo II entre seus juízes mais severos. Desde que fizera sua primeira visita à Polônia, em junho de 1979, o pontífice declarou que nunca abandonaria sua terra natal a seu próprio destino. Um respeitado político polonês lembrou-se de como ficou impressionado ao ouvi-lo declarar que a eleição de um papa eslavo talvez fosse o sinal de que Oriente e Ocidente poderiam chegar a um entendimento. Quando encontrou o pontífice novamente, já na década de 1990, o político comentou: "Santo Padre, aquelas palavras soaram como uma profecia." João Paulo II respondeu: "O senhor tem uma boa memória. O primaz Wyszynski leu meu discurso antes e pediu que eu tivesse mais prudência." Mas o papa estava convicto de que precisava ir adiante, por mais arriscado que fosse.

No outono, as autoridades polonesas constataram que um confronto direto com João Paulo II era inevitável. Em 13 de outubro de 1981, Jozef Czyrek, o ministro do Exterior, chegou ao Palácio Apostólico com a missão de esclarecer a gravidade da situação e apresentar as possíveis soluções. Embora ainda estivesse muito debilitado em consequência do atentado, o papa o ouviu atentamente e deu instruções para que o novo primaz, Jozef Glemp, e o líder operário Lech Walesa se encontrassem com o general Jaruzelski. O encontro aconteceu em 4 de novembro e, no dia seguinte, o arcebispo Glemp comunicou ao pontífice os resultados da reunião, que pareciam revelar alguma esperança.

Nas semanas posteriores, porém, as pressões soviéticas para uma solução rápida da crise, que ameaçava se difundir para outros países do bloco oriental, fizeram com que a situação se agravasse. Assim, na noite de 13 de dezembro, a lei marcial foi decretada na Polônia. Alguns dias depois, Luigi Poggi, o núncio apostólico do Vaticano, levou a Varsóvia uma carta do Santo Padre, com palavras bastante duras.

Uma rápida negociação com os responsáveis pelo Partido, Kazimerz Barcikowski e Jerzy Kuberski, atenuou o tom. Em todo caso, na carta oficial João Paulo II não deixou de exprimir seu grande pesar pela declaração da lei marcial, fazendo um apelo para que ela fosse revogada o mais rápido possível e logo fosse encontrado um caminho para a conciliação. A resposta do general, enviada em 6 de janeiro de 1982, também num tom mais pacificador, esclarecia os motivos que o tinham levado a tomar tal decisão.

Com Jaruzelski, o pontífice sempre manteve um diálogo pessoal. Foi justamente durante a conversa particular na Catedral de Wawel, em junho de 1983, que o general anunciou a João Paulo II a intenção de abolir definitivamente a lei marcial e iniciar um processo de reformas. "Sei que o socialismo é uma realidade, mas é preciso fazer o possível para que ele tenha uma feição humana. As liberdades civis, a identidade social e os direitos humanos são fundamentais", declarou o papa. Para o general, essa observação foi um estímulo para liderar a Polônia, passo a passo, rumo a uma reforma política. "Ele não repreendeu nem fez advertências", relembrou Jaruzelski, "mas avaliou os problemas daquele momento e apontou qual era, em sua opinião, o melhor caminho para o país".

Era assim que Wojtyla reagia diante de confrontos, como confirma, entre outros testemunhos, o de uma pessoa que, durante uma conversa com ele sobre uma série de eventos históricos, observara que a divina Providência também se serve, às vezes, dos piores acontecimentos para deles extrair o bem. "Pode ser que você tenha razão. Mas lembre-se também de que não basta ter razão. A questão é como convencer as pessoas a aceitar essa verdade", comentou o papa.

A Polônia pôde, assim, realizar aquela transição gradual à democracia, iniciada no mesmo instante em que se noticiou a eleição de Karol Wojtyla ao pontificado. Seu discurso bem elaborado, com o famoso apelo "Não tenham medo! Abram, ou melhor, escancarem as portas a Cristo! Abram a seu poder salvador as fronteiras do Estado, os sistemas econômicos e políticos, os vastos campos de cultura, civilidade e desenvolvimento", de fato provocou as primeiras fendas no comunismo.

"Antes tínhamos consciência da anormalidade da situação social em que vivíamos: as eleições eram uma farsa, e a política, uma grande mentira. Porém, aquele parecia um mundo destinado a durar para sempre. Ninguém podia imaginar que um dia o Estado socialista não existiria mais na Polônia e que poderíamos dizer não às determinações impostas por Moscou. Naquele 16 de outubro de 1978, no entanto, pareceu que nosso país poderia tomar uma direção diferente, uma vez que não estava mais condenado a seguir aquele mecanismo que nos levava ao desespero e à insensatez", relatou um jovem sacerdote polonês.

O comunismo massificava o indivíduo, mas, paradoxalmente, também temia a massa. Seu objetivo era que o povo permanecesse ignorante e não tomasse consciência da força que possuía. Por isso, enquanto a lei marcial estava em vigor, era obrigatório ter autorização da polícia até para organizar recepções em casa, fossem festas de aniversários ou comemorações de dias santos. Pouco a pouco, porém, a população começou a olhar em volta e a perder o medo, dando-se conta de que outras pessoas compartilhavam esses mesmos valores. O mérito dessa transformação, sem dúvida, também é de Wojtyla.

## O COLAPSO DO COMUNISMO

Se não houve derramamento de sangue durante a derrocada do comunismo, a partir de 1989, isso só foi possível, também, graças ao empenho de João Paulo II, a seus apelos públicos sinceros e aflitos e aos esforços diplomáticos que ele empreendeu. Como declarou um político experiente e bem relacionado, "cada um deu a sua contribuição – o americano Ronald Reagan, a britânica Margaret Thatcher, o francês François Mitterrand –, mas o Santo Padre foi o responsável por unir todas essas iniciativas. Ele nunca tramou contra ninguém, não se aproveitou dos outros nem fez jogo sujo. As palavras eram sua ferramenta, e elas foram suficientes. Até o presidente russo, Mikhail Gorbatchov, reconheceu isso, ao afirmar: "Eu não acabei com o comunismo; foi João Paulo II que o destruiu."

O papa e Gorbatchov se falaram pela primeira vez em 1º de dezembro de 1989, no Vaticano, e o encontro foi marcado por um longo aperto de mão. Entre outras autoridades, o general Jaruzelski também fez algumas sugestões ao presidente da União Soviética. Quando os dois se reencontraram, o líder soviético disse ao militar: "Você tinha razão. O papa é um grande homem. Ele irradia sabedoria e sua bondade é enorme. Devemos fazer o possível para melhorar as relações entre a URSS e o Vaticano."

Em 1992, Gorbatchov enviou ao Vaticano um texto em cirílico intitulado "Sobre o papa de Roma", no qual confirmava sua convicção de que o pontífice desempenhara um papel decisivo naquela grande mudança histórica. João Paulo II comentou: "Li a opinião de Gorbatchov sobre o papel que o papa teve nos acontecimentos que mudaram o Leste Europeu nestes últimos anos. Estou convencido de que ele acredita sinceramente naquelas coisas. Quando o Sínodo dos Bispos Europeus emitiu seu documento final, queria enfatizar esse papel específico do papa, mas eu pedi que não fizessem isso. O que importava era a Igreja, não o papa. Se há algo que pode ser atribuído a ele, é o fruto da sua fidelidade: a fidelidade a Cristo e à humanidade."

Para o pontífice, cada aspecto devia ser considerado pelo ponto de vista da fé. Quando o comunismo ainda estava de pé, João Paulo II tinha longas conversas com alguns amigos intelectuais a respeito de como seria o mundo. Sua conclusão era muito simples: se o regime comunista desmoronasse no dia seguinte, a tarefa da Igreja seria a de evangelizar. Se entrasse em colapso depois de mil anos, a principal missão eclesiástica também seria a de evangelizar. "Nada acontece por acaso, tudo é determinado por Deus", costumava dizer ele, sugerindo que a divina Providência orienta nossa vida até nos mínimos detalhes e que a atitude dos homens deve ser de fé e de abandono, e não de recusa ou de rebelião interior.

Um episódio curioso ocorreu durante os preparativos para a viagem à Polônia, em junho de 1997. Nas eleições de novembro de 1995, Lech Walesa havia sido derrotado por Aleksander Kwasniewski, o líder da Aliança da Esquerda Democrática, e João Paulo II se perguntara, um tanto agitado, como o novo governante seria acolhido pela população. Certa noite, um sacerdote lhe disse, com ingenuidade: "Santo Padre, talvez seja preciso interpretar esses fatos à luz da Providência." O papa o fitou de um jeito irônico, deu uma piscadela e respondeu: "Da divina Providência eu entendo um pouco!"

O papa tinha plena consciência de que a Providência interfere exatamente nos espaços que o homem permite que Deus ocupe, quando se entrega e se torna disposto a corresponder com suas ações aos dons recebidos. Ele não se apresentava – e nem se considerava – como protagonista, mas como um simples instrumento nas mãos de Deus. Quando lhe diziam que, graças às suas orações, um dos fiéis alcançara o que pedira, ele comentava, humildemente: "Graças a Deus, pela sua fé." Do mesmo modo, quando lhe agradeciam por ter contribuído para a queda do muro de Berlim, ele respondia: "Foi a divina Providência. Quem fez tudo foi Nossa Senhora", certo da profecia da Virgem de Fátima a respeito da conversão da Rússia e do consequente colapso do comunismo. A quem lhe perguntava se era fácil ser protagonista da história mundial, o pontífice dizia: "Quando Deus quer, é fácil. Isso torna minha vida mais simples, pois sei que Deus assim deseja. É Ele quem decide as coisas."

Não há dúvida de que João Paulo II exerceu enorme influência sobre a história do século XX, mas ele fez isso, acima de tudo, reafirmando o papel fundamental do ser humano e defendendo o valor do indivíduo. Esse apelo à dignidade de cada pessoa constituiu um fator inestimável de coesão que permitiu, por exemplo, que a Revolução de Veludo fosse organizada na antiga Tchecoslováquia, no fim de 1989, e o surgimento, na Polônia, do movimento Solidariedade, no qual conviviam tanto crentes como não crentes – e todos encontravam na Igreja o espaço da liberdade.

## O HERDEIRO DE SÃO PAULO

Em meados da década de 1990, um questiomento inusitado pairava sobre o Vaticano: "Qual é a diferença entre Deus e João Paulo II?" "Deus está em toda parte, enquanto o papa já esteve", respondiam. Wojtyla sabia que reprovavam a energia que ele dedicava às viagens pastorais pela Itália e ao exterior. Desde junho de 1980, ele tentou reagir a essas críticas afirmando publicamente: "Muitos dizem que o papa viaja demais e com muita frequência. Do ponto de vista humano, acho que têm razão. Mas quem nos guia é a Providência, e algumas vezes ela nos sugere fazer algo *per excessum*."

Na realidade, com a eleição de Wojtyla, a estatística passou a ser uma ciência muito praticada nas dependências vaticanas. Ele fez 146 viagens apostólicas pela Itália e 104 ao exterior, numa sequência que cobriu 259 localidades italianas e 131 Estados independentes. Os dias transcorridos longe do Vaticano, sem contar os períodos que permaneceu na residência de Castel Gandolfo e os 164 dias que passou hospitalizado, totalizaram 822, um número considerável, correspondente a 8,5% de todo o pontificado.

João Paulo II considerava-se não apenas o sucessor de São Pedro, mas também o herdeiro de São Paulo, "que, sabemos bem, nunca permanecia muito tempo num só lugar, pois estava sempre viajando". Por outro lado, existe nisso um traço de continuidade do pontificado de Paulo VI, que dera início a uma significativa – embora breve – sequência de jornadas apostólicas, logo após a abertura e a descentralização da Igreja, defendidas pelo Concílio Vaticano II. Na realidade, João Paulo II dizia: "Eu sigo como mestre da fé, mas também como discípulo, para melhorar a vida das igrejas locais."

É certo que os deslocamentos frequentes requeriam um enorme investimento, que não deixaram de suscitar objeções e críticas. João Paulo II ficava profundamente magoado com isso. Durante a visita pastoral à Austrália, por exemplo, alguns jornais locais o criticaram, afirmando que a viagem dele custara mais do que a feita pela rainha da Inglaterra ao país. Então, dirigindo-se a um membro da comitiva, o papa retrucou com extrema firmeza: "Acredito que as viagens do papa devem realmente custar mais do que as da rainha da Inglaterra. O papa leva a mensagem da redenção, e a redenção custou um preço incomensurável: todo o sangue de Cristo."

Por outro lado, essas viagens permitiram a milhões de pessoas que nunca teriam podido ir ao Vaticano ver o pontífice pessoalmente e ouvir suas palavras: "Se o mundo não vai a Roma, Roma vai ao encontro do mundo", declarou Wojtyla aos bispos peruanos.

Muitas vezes a visita do papa servia para chamar a atenção para emergências humanitárias de países em dificuldades ou dar voz a populações discriminadas. O pontífice também tinha o costume de destinar a elas todas as doações recebidas durante a viagem. Mas, acima de tudo, ele tinha consciência de que sua tarefa era levar a esperança do Evangelho aonde quer que fosse. Em uma área muito miserável nos arredores de Lima, no Peru, ao fim da homilia ele contemplou a multidão que lotava o local e, de improviso, deu voz, em espanhol, a uma ideia que lhe brotava do fundo do coração: "Fome de Deus, sim; fome de pão, não." E numa outra ocasião, depois de rezar o "Pai-nosso", ele falou: "Desejo que estejam famintos de Deus, mas não do pão de cada dia."

Todas as viagens eram preparadas com abnegação e concentração. João Paulo II pedia aos núncios que reunissem a conferência episcopal nacional – de modo que ele pudesse conhecer os desejos dos bispos e do clero –, estabelecia contatos diretos com os pastores dos lugares aos quais iria, a fim de obter informações úteis, lia tudo o que estivesse disponível e absorvia grande quantidade de detalhes em conversas com especialistas.

Algumas semanas antes da partida, ele celebrava a missa na língua do país a ser visitado, com a ajuda dos sacerdotes e irmãos naturais do lugar. Desse modo, queria render homenagem à cultura de cada povo e também consagrar seu idioma, ao usá-lo na celebração da liturgia. Para isso, mantinha na sua mesa de trabalho dicionários e manuais específicos, que consultava de vez em quando, e praticava a língua com funcionários do Vaticano para apurar a pronúncia.

Antes de ir ao México, por exemplo, durante muitas semanas destinou uma hora de suas manhãs a melhorar seu espanhol. Quando preparou a viagem a Papua-Nova Guiné, contou com dois missionários do Verbo Divino que lhe ensinaram o suficiente de pidgin para saudar o povo indígena. Antes de ir ao Japão, estudou a pronúncia do idioma com um franciscano japonês e pediu que ele fizesse a transcrição fonética dos discursos. Antes de ir a Guam, ouviu durante horas gravações de saudações em chamorro, a língua indígena local.

João Paulo II conversava longamente sobre o planejamento da viagem com os colaboradores romanos. Em geral, eram tantos os compromissos propostos pelas igrejas locais que era preciso esticar a estada no lugar em mais um ou dois dias, e quase sempre ele concordava de bom grado. Nunca deixava de encontrar com os sacerdotes, os religiosos e as religiosas, os seminaristas e os noviços das congregações masculinas e femininas e, acima de tudo, os jovens e os doentes.

O pontífice tinha um interesse especial pelos doentes não apenas porque ele próprio tinha vivido uma situação de enfermidade. Em 1979, em sua primeira viagem ao exterior, encontrou-se com enfermos, deficientes e inválidos numa igreja lotada no México. Uma das pessoas que o acompanhavam assim testemunhou: "Quando o papa parava perto dos doentes, eu tinha a clara impressão de que ele ficava em estado de veneração diante deles: inclinava-se em sua direção, tentando entender o que diziam, e depois acariciava-lhes a cabeça." Os responsáveis pelo cerimonial logo se deram conta de que, nas missas celebradas pelo papa durante suas visitas pastorais pelo mundo, nunca deveriam colocar mais de 30 doentes diante do altar. Independentemente de quantos houvesse, João Paulo II sempre iria cumprimentar um a um ao fim do serviço religioso, e assim todos os demais compromissos acabariam sofrendo atrasos.

Numa visita em que o cerimonial não procedeu dessa maneira, um primeiro grupo de doentes foi colocado atrás do parapeito do presbitério, e logo em seguida havia um outro grupo com cerca de 300 enfermos, muitos deles em cadeiras de rodas. O papa chamou o coordenador e pediu que abrisse um espaço vazio, de modo que pudesse passar e cumprimentar todos que estavam ali. Naquele dia, os compromissos planejados para depois da missa sofreram mais de uma hora de atraso. Numa outra ocasião, em visita a um hospital, ele quis parar junto de cada um dos enfermos. O prefeito da Casa Pontifícia, monsenhor Dino Monduzzi, sugeriu que ele acelerasse o ritmo, mas Wojtyla não aceitou e o advertiu: "Monsenhor, nunca se deve ter pressa com quem sofre."

## NOS LUGARES POLÊMICOS DO MUNDO

Desde os primeiros dias, João Paulo II deixou claro para seus colaboradores qual seria o estilo de seu pontificado. E deu uma clara demonstração disso quando aceitou participar da Conferência de Puebla, que seria realizada em janeiro de 1979 no México. A Cúria Romana se opunha à viagem e informou ao pontífice os riscos a que estaria exposto, numa nação onde a fé religiosa não podia ser manifestada publicamente. Depois de ouvir os vários pareceres, Wojtyla ignorou qualquer objeção: "Não tenho uma Secretaria de Estado para me dizer quais são os problemas, e sim para resolvê-los." Ele prosseguiu com a viagem pastoral, que foi um enorme sucesso.

A viagem de 1987 ao Chile, governado pelo ditador Augusto Pinochet desde 1973, foi mais conturbada. João Paulo II estabelecera como condição sine qua non encontrar-se com todos os grupos políticos, incluindo os que faziam oposição ao regime. Um episódio, no entanto, projetou sombras sobre toda a viagem: o papa e Pinochet apareceram lado a lado à janela do palácio presidencial de Santiago, para saudar a multidão que aplaudia. Testemunhas oculares garantiram que aquela aparição não estava prevista e que se tratou de um artifício do ditador, que, ao passar com Wojtyla por um corredor do qual se viam as pessoas lá fora, convidou-o inesperadamente a ir até a janela e dar a bênção aos fiéis. O papa não se recusou, mas, ao conversar em particular com Pinochet, não hesitou em dizer a ele tudo o que pensava.

A história revelou os efeitos desse diálogo sobre os acontecimentos posteriores. Algum tempo depois, o pontífice comentou com um amigo: "Recebi uma carta de Pinochet na qual dizia que, por ser católico, minhas palavras tinham surtido efeito e ele decidira iniciar o processo de mudança política no Chile." As eleições prometidas para 1988 de fato foram realizadas. Patricio Aylwin venceu o pleito e o ditador teve de aceitar a própria derrota. Em 1990, renunciou à presidência. Ao comentar esse episódio, Wojtyla disse que é preciso se encontrar com todos, sem exceções, mas é indispensável fazer isso com a simplicidade e a força que vêm do Evangelho.

A viagem à Nicarágua, em março de 1983, foi provavelmente a mais arriscada. Na época, o movimento sandinista estava no poder e uma parte do clero, no contexto da doutrina da Teologia da Libertação, estava alinhada com os revolucionários a favor de uma Igreja popular em oposição à Igreja hierárquica. Ao tomar conhecimento das dificuldades, João Paulo II foi claro: "Devemos ir, mesmo que não seja um grande sucesso. A Igreja precisa ser reforçada agora que está passando por esse momento crítico. Depois, esperamos que venham tempos melhores e que o papa seja mais bem acolhido, mas devo ir lá agora."

Após uma visita de inspeção, os responsáveis pela segurança do Vaticano declararam que existia uma grave ameaça à vida do Santo Padre e dos integrantes de sua comitiva. Por essa razão, decidiram que todos deveriam usar, sob o traje eclesiástico, um colete à prova de balas. Quando João Paulo II foi informado, limitou-se a dizer: "Se alguém quiser usar esse colete, não precisa me acompanhar nessa visita. Estamos nas mãos de Deus e Ele irá nos proteger." Numa outra ocasião, com a sutil ironia que lhe era característica, o papa disse ao cardeal francês Albert Decourtray, que lhe recordara o infausto prognóstico de Nostradamus com relação à sua viagem de 1986 a Lyon: "Eu lhe asseguro que nenhum lugar é mais perigoso do que a Praça São Pedro!"

Por sinal, muitos de seus interlocutores ficaram admirados por João Paulo II sempre manter o senso de humor. Certa vez, depois de tomar uma decisão difícil, ele comentou: "Por sorte estamos nas mãos de Deus, porque, se estivéssemos por conta própria, estaríamos perdidos." Em outra ocasião, ao presentear uma autoridade política com uma pintura da Praça São Pedro, o pontífice explicou: "Esta é a Praça São Pedro. Bem, como posso descrevê-la? É o meu local de trabalho!" Ao jornalista que lhe perguntou se ele se sentia em forma para a viagem de 1998 a Cuba, o papa respondeu: "Sem dúvida a idade pesa mais hoje do que em 1979, mas até agora a Providência tem me protegido. Além disso, se quero me manter informado sobre minha saúde e minhas enfermidades, só preciso ler os jornais!"

Quando se tratava das viagens à América Latina, alguns críticos o acusavam de usar dois pesos e duas medidas, por ele ser mais condescendente com os regimes ditatoriais de direita do que com os de esquerda. João Paulo II reagia a essa provocação com uma explicação baseada em sua experiência pessoal: "A ditadura de direita é o governo de um único homem, e quando esse homem morre o regime desmorona junto com ele. As ditaduras de esquerda, porém, são conduzidas por um sistema, e este é muito mais difícil de erradicar." Por trás daquilo que alguns interpretavam como um compromisso com o poder existia, na verdade, um desejo de privilegiar um espírito mais de reconciliação do que de contraposição, e de favorecer, de algum modo, uma transição tranquila para a democracia.

Sem dúvida, no grupo que o acompanhava existiam aqueles que demonstravam tendência mais para a direita do que para a esquerda. Um exemplo foi a omissão do nome do monsenhor Oscar Romero da Celebração Ecumênica das Testemunhas de Fé, realizada em 7 de maio de 2000, no Coliseu. Arcebispo de San Salvador, Romero foi assassinado em 1980 enquanto celebrava a missa. Quando a ausência do nome do monsenhor foi comunicada a João Paulo II, ele se justificou explicando que um dos membros de sua comitiva lhe descrevera o religioso como "uma bandeira da esquerda". Mas depois analisou a questão com mais atenção e ordenou que o nome de Romero fosse incluído na lista. A propósito, durante os preparativos para sua viagem pastoral a El Salvador, em 1983, ele disse claramente a quem lhe sugeriu não visitar o túmulo do bispo: "Não, o papa deve ir, trata-se de um bispo que foi assassinado durante a santa missa, que é justamente o âmago de seu ministério pastoral."

O pontífice nunca se esquivava de decisões difíceis. Em 1982, já estava prevista uma viagem à Grã-Bretanha, de 28 de maio a 2 de junho, quando o Reino Unido entrou em guerra com a Argentina pela posse das ilhas Malvinas. Sugeriram-lhe que adiasse a visita, mas, em vez disso, ele decidiu ir à Argentina 10 dias depois. Enfrentou 29 horas de viagem e permaneceu lá por apenas 28 horas, para mostrar que o conflito não podia impedir o papa de exercer seu ministério entre os povos. Três anos depois, demonstrou a mesma determinação numa viagem programada aos Países Baixos. Na época, a Igreja holandesa passava por sérias polêmicas internas e a Secretaria de Estado preferia aguardar tempos melhores, mas João Paulo II argumentou que a crise tornava sua ida ainda mais necessária, pois seria a oportunidade de dar início a um programa concreto de reconstrução.

Em situações particularmente delicadas, não hesitava em contornar os canais institucionais, privilegiando os não convencionais. Isso aconteceu, por exemplo, quando ele expressou a intenção de visitar, numa única viagem, representantes das três principais etnias dos Bálcãs: a croata, em Zagreb, a bósnia, em Sarajevo, e a sérvia, em Belgrado. Sem o conhecimento da Secretaria de Estado, ele encarregou um bispo de confiança de manter contatos confidenciais para verificar a viabilidade dos planos. Vários líderes políticos pareceram simpatizar com a ideia, entre eles Franjo Tudjman, Radovan Karadzic, Alija Izetbegovic e Slobodan Milosevic, mas não o patriarca da Igreja Ortodoxa sérvia, Pavle. Quando alguém da Secretaria de Estado manifestou seu desapontamento por esse modo inusitado de proceder, o papa disse, serenamente: "Não há por que se escandalizar, o importante é atingir o objetivo, e às vezes são necessárias vias não oficiais para poder alcançá-lo. Com o tempo, irão compreender."

João Paulo II vivia com extraordinária sensibilidade a dor das vítimas das calamidades naturais e não hesitava em empreender uma viagem para levar pessoalmente seu conforto às populações atingidas. Assim foi, por exemplo, em 25 de novembro de 1980, quando quis ir às regiões italianas da Campania e da Basilicata, atingidas por um terremoto, e seis anos mais tarde, em julho de 1986, quando foi à Colômbia para visitar a área que havia sido encoberta pela erupção do vulcão Nevado del Ruiz. Ao descer do helicóptero que o conduzira àquele imenso túmulo, rezou por um longo tempo ajoelhado e em silêncio, visivelmente comovido. Na volta, parecia concentrado em suas reflexões: "A humanidade esmagada! Mas ela não pode ser esmagada, porque Deus foi esmagado em Cristo. Isto é difícil de compreender: Deus esmagado! Nem mesmo Pedro entenderia isso."

O "*mysterium iniquitatis*" (o "mistério da iniquidade", mencionado na Segunda Epístola aos Tessalonicenses) constituía um dos pontos fundamentais das reflexões do pontífice. João Paulo II referiu-se explicitamente a ele ao olhar com tristeza as imagens dos atentados terroristas às Torres Gêmeas, em Nova York, em 2001. Mas até naqueles momentos dramáticos seu olhar de fé conseguiu se sobrepor a qualquer emoção. Como relatou uma testemunha: "No instante em que teve um pressentimento do Apocalipse, em 11 de setembro de 2001, o papa se dirigiu Àquele que é a fonte de toda graça e disse: 'São teus.' Foi um gesto de fé absoluta, e o mais difícil, como se estivesse recordando ao próprio Deus o Seu dever. Foi um daqueles instantes de luta com Deus para que Ele concedesse a Sua graça. Um dos momentos mais marcantes na história da espiritualidade. Como Moisés. Porém, diferentemente do profeta israelita, João Paulo II nunca quis renegar seu povo."

## UM MINISTÉRIO INIGUALÁVEL

Durante uma viagem ao exterior, um jornalista perguntou ao pontífice se ele não achava que era muito exigente em seus discursos. A resposta foi: "Eu refleti algumas vezes sobre esse ponto, mas sempre notei que a palavra de Deus é muito mais exigente, e meu dever é proclamá-la sempre."

Não há dúvida de que João Paulo II tenha cumprido plenamente esse dever, não apenas se dirigindo ao mundo com uma quantidade suficiente de discursos e documentos, mas também veiculando com frequência a sua mensagem com uma linguagem clara e acessível a todos.

Desde os primeiros dias do pontificado, por exemplo, ele começou a refletir a respeito de como deveria propor a catequese habitual na audiência geral da quarta-feira. Pedira a alguns especialistas que o ajudassem a reunir material sobre as temáticas específicas, identificando os trechos bíblicos e as passagens doutrinárias dos Patriarcas da Igreja que pareciam aprofundá-las da melhor maneira. Mas então se perguntou de que modo deveria escrever os textos para que fossem compreendidos pelo maior número de ouvintes. "Aprendi a linguagem poética, a filosófica, a homilética, mas não sei bem o que significa se expressar em linguagem catequética. No entanto, reconheço que a aceitação da mensagem também depende do modo como ela é transmitida", comentou com seus colaboradores mais próximos. Era muito rigoroso com quem o ajudava a elaborar os textos, pois sempre queria deixar sua marca pessoal, tanto no conteúdo como na forma.

Durante um almoço em Castel Gandolfo, João Paulo II disse sobre si mesmo: "Não sei se a história vai recordar este papa. Acho que não. Mas gostaria de ser lembrado como o papa da família." Na verdade, os problemas ligados ao casamento e à família sempre constituíram o cerne de suas preocupações pastorais. Quando falava com pessoas que tinham se divorciado ou se casado pela segunda vez, nunca assumia um tom acusador nem as julgava. Pelo contrário, ele se mostrava compreensivo. "Suas demonstrações de afeto e de amor por quem enfrenta dificuldades familiares me tocaram profundamente. Eu pude sentir o perdão e a reconciliação que emanam dele e que, muitas vezes, podem não ser percebidos do mesmo modo nas ocasiões públicas em que a Igreja recorre a seus ensinamentos religiosos para se expressar sobre esses temas", recordou uma testemunha.

Também foi notável seu empenho pastoral nos entendimentos com o laicato. Considerava os movimentos eclesiásticos autênticos "sinais dos tempos" e valorizava todas as iniciativas que tivessem como propósito anunciar a mensagem evangélica, baseando-se no princípio bíblico de que, se uma coisa provém do homem, morrerá, mas, se provém de Deus, ninguém deve se opor a ela, e sim aceitá-la, pois pode ser uma dádiva da Providência. Para o pontífice, porém, as novas organizações laicas não deveriam ser confundidas com as estruturas religiosas, e mais de uma vez ele se opôs às solicitações daquelas que pretendiam se transformar em uma instituição secular sob a proteção da Congregação dos Institutos da Vida Religiosa e das Sociedades da Vida Apostólica, sugerindo que pleiteassem o reconhecimento do Pontifício Conselho para os Leigos.

O papa estava absolutamente seguro de que os leigos deviam adquirir mais força e visibilidade no seio da Igreja. Foi inspirado nessa convicção que ele quis criar o Dia Mundial da Juventude a partir do encontro histórico na praça em frente à Basílica de São João de Latrão, em Roma, em março de 1985. A Organização das Nações Unidas (ONU) proclamara aquele o Ano Internacional da Juventude, e João Paulo II decidiu celebrá-lo com um enorme encontro comemorativo. Alguns de seus colaboradores estavam céticos quanto ao sucesso da iniciativa, mas ele não hesitou: "Devemos dar o primeiro passo, porque aqui está o futuro da Igreja." O êxito foi estrondoso e desde aquele dia o Domingo de Ramos foi consagrado a essa manifestação.

Essa grande iniciativa também provou ser, de certa maneira, uma oportunidade para tornar real outro desejo de João

Paulo II, que queria que sua diocese fosse um exemplo para todo o mundo católico. Como poderia exortar os outros bispos a tornar vivas as suas dioceses se a sua não era assim?, repetia o papa ao cardeal vigário e aos auxiliares. Brincando com o palíndromo Roma/amor, sintetizou o mandato eclesiástico com a mensagem emblemática "A missão de Roma é amor", na qual destacava o fato de ser bispo de Roma e também fazia referência à abertura-padrão de suas encíclicas papais *Urbi et orbi* – *urbi* se referindo a Roma e *orbi*, ao mundo, ambas formando uma única estratégia pastoral. Numa das paredes de seu quarto mandara pendurar um grande mapa da diocese de Roma no qual estavam assinaladas todas as paróquias: já visitara muitas delas no decorrer dos anos, porém várias outras ainda esperavam pelo pontífice, como ele mesmo constatava todas as vezes que observava o mapa.

Sentia também uma grande responsabilidade pastoral com relação à Itália: "Como bispo desta sede apostólica e como primaz da Itália, tendo a sensação de que participo de seu destino, assim como das alegrias e dos sofrimentos de todo o povo italiano", afirmou. Em 1994, ele encorajou os fiéis a orarem pela Itália, para que a severa crise que afligia o país fosse superada. Em 6 de janeiro daquele ano, enviou carta pessoal aos bispos italianos, na qual fazia um sério apelo às responsabilidades que os católicos eram obrigados a assumir diante dos desafios daquele momento histórico.

João Paulo II via com particular preocupação os movimentos separatistas que minavam a unidade do país. Uma testemunha assim relatou: "Lembro-me claramente do desconcerto do papa no verão de 1996, quando a Liga Norte foi à nascente do rio Pó. Ele considerou esse gesto um crime contra a unidade do país e me perguntou por que os policiais militares não intervinham e o presidente da República não fazia nada. O papa tinha plena consciência do valor que a Itália representava para a Santa Sé. Deve-se a essa convicção a decisão do vigário de Roma de ocupar também o cargo de presidente da Conferência Episcopal Italiana."

## O DIÁLOGO COM AS OUTRAS FÉS

Homem de diálogo e cidadão engajado, João Paulo II não hesitou em trabalhar para que seu pontificado fosse a realização de um ambicioso projeto ecumênico, que teve no encontro inter-religioso promovido em Assis, em 27 de outubro de 1986, um de seus momentos mais emblemáticos.

Sabendo que a ideia poderia ser objeto de equívocos e mal-entendidos, o papa refletiu longamente antes de torná-la pública. Depois, incentivado pelo apoio do então cardeal Joseph Ratzinger, que lhe dera um parecer positivo, quis anunciar pessoalmente o evento durante a audiência geral de 22 de outubro, explicando que o Dia Mundial da Oração pela Paz seria uma oportunidade para "estar juntos e orar [...], uns ao lado dos outros, para implorar a Deus a dádiva de que toda a humanidade precisa hoje para sobreviver: a paz".

Convicto na crença de Jesus Cristo como único Salvador do mundo, João Paulo II confiava firmemente na possibilidade de dialogar com as outras fés religiosas, nas quais, segundo os ensinamentos do Concílio Vaticano II, encontrava a presença de "raízes da única verdade". De fato, o relato de uma testemunha informava que "o fruto de Assis foi que, no lugar da hostilidade e da inimizade entre as religiões, introduziu-se o princípio do diálogo". Por isso mesmo, o pontífice, apesar da opinião contrária de alguns cardeais que viam o Dia Mundial da Oração, realizado em Assis, como uma oportunidade única, quis que a experiência fosse repetida todo ano, cada vez num centro diferente, da Europa ou do Mediterrâneo, confiando a administração à comunidade de Santo Egídio.

Com relação ao mundo islâmico, Wojtyla manifestava uma atitude de extraordinária abertura e flexibilidade, que era constantemente reafirmada. Por exemplo, ao falar com uma importante autoridade política sobre a hipótese do ingresso da Turquia na União Europeia, ele comentou: "Se tivéssemos de olhar para a história, não poderíamos esperar muita coisa boa, mas é no futuro e na necessidade de evitar que o egoísmo e o fanatismo de cunho religioso prevaleçam que devemos mirar."

Essa disposição para o diálogo tornou-se ainda mais emblemática em 14 de maio de 1999, quando o patriarca caldeu iraquiano, Raphael I Bidawid, foi recebido no Vaticano juntamente com algumas autoridades civis e religiosas do Iraque. No fim da audiência, alguns membros muçulmanos da delegação presentearam o pontífice com um exemplar do Alcorão. João Paulo II se inclinou e o beijou, em sinal de respeito.

Interpretando esse gesto extraordinário como uma ruptura doutrinal da parte do pontífice, muitos o criticaram e fizeram insinuações malévolas. Na verdade, aquele beijo nada mais era do que o instrumento por meio do qual um homem de fé expressou sua profunda caridade pelo povo e pela cultura que reconhecem em Abraão o pai comum de todos aqueles que creem em um único Deus. Com sua franqueza e simplicidade, a atitude pretendia tocar a sensibilidade dos interlocutores, fazendo um apelo implícito e inequívoco à reciprocidade.

Esse não foi o único caso em que uma ação do pontífice pretendendo revitalizar as relações com outra crença foi claramente mal interpretada. Em 29 de junho de 1995, por exemplo, o papa recebeu Bartolomeu I, o Patriarca Ecumênico de Constantinopla, na Basílica de São Pedro e quis recitar com ele a "Oração do Credo" na sua versão ortodoxa, limitando-se a afirmar que o Espírito Santo "procede do Pai", sem acrescentar "e do Filho" (questão conhecida como a cláusula filioque). É um tema exclusivamente teológico, mas que há séculos divide as Igrejas do Oriente e do Ocidente.

Obviamente, por trás daquela escolha não havia a adesão generalizada a um "vamos todos amar uns aos outros" abstrato, mas a determinação de acelerar o processo de comunhão entre Igrejas irmãs, no desejo – como João Paulo II explicou na homilia daquele dia – de "desfazer um mal-entendido que ainda projeta sua sombra sobre as relações entre católicos e ortodoxos". De fato, aquele encontro deu origem à constituição de uma comissão mista que teve "o dever de explicar, à luz da fé comum, o significado verdadeiro e o legítimo alcance de diferentes expressões tradicionais relativas à origem eterna do Espírito Santo na Trindade, expressões essas que pertencem aos nossos patrimônios doutrinais e litúrgicos recíprocos".

O receio dos ortodoxos de que a Igreja de Roma cultivasse ambições de proselitismo entre seus fiéis demonstrou ser totalmente infundado. O papa, principalmente quando estava trabalhando na encíclica *Ut unum sint* (que quer dizer "Que todos sejam um"), com frequência repetia, quase como um lema: "Com os ortodoxos, quero a comunhão, não a jurisdição."

E, para ter a oportunidade de viver alguns momentos de comunhão e de oração, João Paulo II não hesitava em recorrer a pequenos subterfúgios, como o que pregou ao bispo ortodoxo de Atenas na nunciatura vaticana na Grécia. Durante o breve encontro, a certa altura o pontífice disse ao bispo que gostaria de recitar o "Pai-nosso" em grego. Pegas de surpresa, as autoridades religiosas gregas começaram a recitá-lo na própria língua, e o papa as acompanhou.

Uma questão problemática, investigada a fundo durante o processo de beatificação, foi a da comunhão eucarística que João

Paulo II deu, em várias ocasiões, ao irmão Roger Schütz. Fundador da comunidade ecumênica de Taizé, na França, Roger foi morto a facadas em 16 de agosto de 2005 por uma mulher que sofria de esquizofrenia. Como ele não fora formalmente batizado na religião católica, e sim na protestante, a comunhão, do ponto de vista técnico, não seria legítima. Na realidade, como declarou o monsenhor Gérard Daucourt, bispo de Nanterre, "o irmão Roger se convertera ao catolicismo, e o papa e os bispos de Autun sabiam disso, embora não tivessem anunciado publicamente". Outros também alegaram que, embora o religioso não tivesse feito qualquer transição formal para a Igreja Católica, não se podia duvidar da fé genuína de Roger na presença real de Cristo na Eucaristia.

Wojtyla, na época vigário capitular, o conhecera durante o Concílio Vaticano II. Toda manhã, quando ia rezar diante do Santíssimo na Basílica de São Pedro, ele encontrava o irmão Roger. Em 1964 e 1968, quando já era arcebispo, foi a Taizé, sabendo que Roger, sem romper com suas origens, aderira de coração à fé católica. A primeira vez que Wojtyla deu a comunhão a ele foi em maio de 1973, quando era cardeal e o irmão Roger se hospedara em sua casa, em Cracóvia. Nessa ocasião, o irmão Roger informou-o que fora admitido à Eucaristia por seu bispo de Autun, o monsenhor Armand-François Le Bourgeois, em setembro de 1972.

## "NA IGREJA NÃO EXISTE LUGAR PARA UM PAPA EMÉRITO"

Com o avanço da idade, o papa começou a refletir sobre a oportunidade de apresentar sua renúncia, para o caso de não conseguir conduzir seu ministério de maneira adequada. Já próximo dos 75 anos – que completaria em 18 de maio de

1995 –, deu início a consultas informais junto à Secretaria de Estado e aos colaboradores e amigos mais próximos sobre a eventualidade de aplicar a si mesmo a norma do direito canônico que prevê que os bispos deixem o cargo ao chegar a essa idade. Na verdade, o agravamento de seu estado de saúde o induzia a considerar essa possibilidade seriamente, embora estivesse consciente dos problemas que um papa emérito poderia causar.

Por isso, resolveu estudar o tema do ponto de vista histórico e teológico e consultou, em particular, o então cardeal Ratzinger, prefeito da Congregação para a Doutrina da Fé. Por fim, colocou a decisão nas mãos de Deus. Basicamente, não fez mais do que confirmar o que ele mesmo dissera, em 1994, ao cirurgião Gianfranco Fineschi, que tinha acabado de operá-lo por causa da fratura no fêmur: "Doutor, tanto o senhor como eu temos apenas uma escolha: o senhor precisa me curar e eu devo recuperar a saúde, porque na Igreja não existe lugar para um papa emérito." A decisão de não abandonar o trono de São Pedro tinha suas raízes na espiritualidade de entrega a Deus, na fé na divina Providência e na confiante assistência de Nossa Senhora. Resumindo suas passagens essenciais, esta poderia ser sua reflexão: Eu nunca havia pensado que me tornaria papa. Foi a divina Providência que me trouxe até aqui. Agora não cabe a mim a decisão de interromper esta missão. O Senhor me trouxe até aqui, então deixo que Ele julgue e decida quando eu devo concluí-la. Se renunciasse, eu estaria tomando a decisão, mas gostaria de cumprir a vontade de Deus em sua plenitude, portanto, deixo que Ele decida por mim.

Assim escreveu o pontífice num texto de 1994, que provavelmente seria lido em voz alta (talvez no Colégio dos Cardeais), pois algumas palavras têm a sílaba tônica destacada, para facilitar a pronúncia:

Refleti demoradamente diante de Deus sobre o que o papa deve fazer ao completar 75 anos. A esse respeito, eu lhes confidencio que quando, há dois anos, soubemos da possibilidade de o tumor que eu tinha ser maligno, achei que o Pai que está nos céus quisesse prover, Ele próprio, a solução antecipada do problema. Mas não foi assim.

Depois de ter orado e refletido longamente sobre minhas responsabilidades diante de Deus, considero-me na obrigação de seguir as disposições e o exemplo de Paulo VI, que, ao se defrontar com o mesmo problema, julgou que não podia renunciar ao mandato apostólico, a não ser no caso de uma enfermidade incurável ou de um obstáculo que não lhe permitisse desempenhar as funções de sucessor de Pedro.

Portanto, seguindo os passos de meu predecessor, também já expus por escrito minha vontade de renunciar ao sagrado e canônico ofício de Pontífice Romano no caso de enfermidade incurável que me impeça de exercer adequadamente a função do ministério.

Excetuando-se essa hipótese, continuarei a cumprir o dever para o qual Cristo me convocou, desde que ele, nos misteriosos desígnios da sua Providência, assim o queira.

João Paulo II enfrentava com lucidez a deterioração progressiva do seu estado de saúde: "Você acha que não percebo como tenho aparecido na televisão assim desse jeito que estou?", foi sua reação a um colaborador próximo que tentava animá-lo. Quando foi obrigado a usar bengala para andar, sentiu-se um tanto constrangido. Precisava se esforçar para aparecer em público com aquele sinal evidente de sua fragilidade física, tanto que adquirira o hábito de deixar a bengala atrás da porta antes de entrar na Sala Paulo VI para as audiências. Mas não demorou a aceitar, com serenidade, esse novo estado, como demonstrou seu jeito alegre de girar a bengala diante de milhões de jovens durante a vigília do Dia Mundial da Juventude, realizada em Manila em janeiro de 1995.

Mas não faltavam momentos em que o pontífice procurava neutralizar o drama, recorrendo à sua habitual ironia. Em 29 de março de 1998, por exemplo, ao improvisar durante um discurso, ele disse: "Queria fazer uma pergunta a vocês: por que o papa carrega uma bengala? Eu achava que me responderiam: 'Porque ele é velho.' Mas a resposta que vocês me deram estava certa: 'Porque ele é um pastor.' É verdade, o pastor leva um cajado para se apoiar, mas também para orientar seu rebanho."

Depois dos 80 anos, que completou em 2000, ano do Grande Jubileu, João Paulo II entregou-se definitivamente à vontade de Deus. Registrou em seu testamento: "Espero que Deus me ajude a reconhecer até quando devo continuar a missão para a qual me chamou no dia 16 de outubro de 1978. Peço que me chame quando Ele assim quiser. 'Porque, se vivemos, para o Senhor vivemos; se morremos, para o Senhor morremos. De sorte que, ou vivamos ou morramos, somos do Senhor.' (Romanos 14:8). Espero que até quando eu puder cumprir o serviço apostólico na Igreja, a Misericórdia de Deus me dê a força necessária para realizar minha missão."

## O RETORNO À CASA DO PAI

Em seu último mês de vida, Karol Wojtyla manifestou, em toda a sua transparente plenitude, a essência de uma existência baseada no lema "*Totus tuus*", de completo abandono nos braços do Pai e de Nossa Senhora.

Após passar por uma traqueostomia, em 24 de fevereiro de 2005, a fim de resolver um problema de insuficiência respiratória aguda, João Paulo II teve muita dificuldade para falar. Ele tentou se comunicar por meio de gestos com um amigo bispo, que recordou: "O Santo Padre quis me dizer algumas frases com grande esforço. 'Está tudo nas mãos de Deus', disse ele. Pude ver que estava sereno, em paz com a situação e consciente de seu estado, pois sem dúvida estava sofrendo."

Nos últimos dias que passou no hospital, repetia com frequência que São Pedro tinha sido crucificado de cabeça para baixo. Meditava diariamente sobre a morte de Cristo, preparando-se para a Semana Santa. Certo dia, a irmã que o assistia ouviu-o perguntar: "Que horas são?" Ela respondeu: "Três." O pontífice então murmurou: "O Senhor Jesus já morreu na cruz, não sofre mais", e em seguida seu semblante ficou sereno.

Em 13 de março, João Paulo II quis voltar a todo custo para o Vaticano, na esperança de poder celebrar os ritos pascais, mas não pôde conduzir nenhuma das cerimônias. Esse foi um golpe profundo para ele. No ano anterior, quando um dos cardeais lhe sugeriu que reduzisse os compromissos durante a Semana Santa, ele respondeu: "Enquanto eu estiver vivo e o Senhor me der forças, não deixarei de realizar nenhuma das celebrações previstas para a Semana Santa e para a Páscoa."

Milhões de pessoas no mundo todo guardam na memória a imagem, transmitida pela televisão, do papa de costas, em sua capela particular, abraçado à cruz durante a celebração da Via Crucis da Sexta-feira Santa. Ao assistir àquela cena, uma testemunha se lembrou de outra semelhante, ocorrida em 17 de julho de 1991 em Comboé, no Vale d'Aosta: "João Paulo II se abraçou intensa e prolongadamente a uma cruz de madeira erguida na orla dos Alpes. De uma distância respeitosa, assistimos, mudos e comovidos, a um gesto tão inesperado quanto impressionante: o rosto do papa estava marcado por um profundo sofrimento interior."

No decorrer de sua última Semana Santa, ele respondeu a

um cardeal que o aconselhava a não se esforçar tanto: "Jesus não desceu da cruz, por que eu deveria descer?" Na peregrinação a Lourdes, em agosto de 2004, João Paulo II já sentira que estava chegando ao fim de suas forças. Precisou interromper a homilia várias vezes, pediu ajuda em polonês a seu secretário, que lhe ofereceu água, e então murmurou em sua língua materna: "Devo ir até o fim."

Em 27 de março, domingo de Páscoa, o papa nem sequer foi capaz de pronunciar, da janela do Palácio Apostólico para a Praça São Pedro, as palavras da bênção *Urbi et orbi*, limitando-se a fazer o sinal da cruz. Afastando-se da janela profundamente aflito por sua evidente impotência, disse as palavras de submissão à vontade divina: "Se não posso mais exercer a função de pastor, estar com os fiéis e celebrar a santa missa, talvez seja melhor que eu morra", e logo depois acrescentou: "Seja feita a Sua vontade, *Totus tuus*."

Na quarta-feira 30 de março, perto das 11 horas, quando costumava realizar a audiência geral, João Paulo II chegou à janela para benzer os milhares de presentes na Praça São Pedro. Essa foi a última vez que apareceu em público. No dia seguinte precisou da ajuda de sacerdotes auxiliares para celebrar a missa em sua capela particular, mas mal conseguiu aguentar até o fim da celebração. Logo depois foi colocado na cama e os médicos lhe ministraram os medicamentos.

Na tarde de quinta-feira, como de hábito, o papa recitou a Hora Santa. Depois pediu que lessem para ele uma passagem de seu livro *Segno di contradizione* ("Sinal de contradição") na qual comentava uma frase de Jesus: "'Meu Pai, se for possível, afasta de mim este cálice.' Cristo, que participou do mistério da liberdade divina, sabe que não deve necessariamente ser assim. Ao mesmo tempo, ele, que compartilha o amor divino de forma plena, sabe que não pode ser de outro modo." João Paulo II permaneceu consciente durante a Hora Santa e, enquanto eram recitadas as ladainhas a Cristo Sacerdote, às palavras "*sacerdos et victima*" ele levantou uma das mãos, num gesto de consolação a uma freira que parecia particularmente comovida. Pouco depois, a situação se agravou e ele foi diagnosticado com uma infecção urinária, que provocou septicemia e colapso cardiocirculatório.

Na sexta-feira 1º de abril, a missa foi celebrada à cabeceira de sua cama, às seis da manhã, e João Paulo II conseguiu pronunciar as palavras da consagração. Com a ajuda da irmã Tobiana, recitou as horas do breviário e as outras orações e prosseguiu com a adoração e a meditação. Depois, pediu insistentemente para ouvir a leitura da Via Crucis e do Evangelho de João, do qual o padre Tadeusz Styczen leu nove capítulos.

No sábado de manhã, a missa também foi celebrada junto à sua cama, mas era possível perceber que sua lucidez já estava comprometida. Respirava com grande esforço, apesar de seu suporte artificial de oxigênio. À tarde, o rosário e as vésperas foram recitados em seu quarto.

Perto das oito da noite, o monsenhor Dziwisz decidiu celebrar a missa novamente à sua cabeceira. Quem a dirigiu foi o cardeal Marian Jaworski, que deu ao papa o sacramento dos enfermos. No momento da comunhão, Dziwisz encostou nos lábios dele uma colherzinha com algumas gotas do vinho consagrado. João Paulo II não abria mais os olhos e respirava com dificuldade cada vez maior. Depois da missa, todos se ajoelharam para o agradecimento e permaneceram assim até o fim, quando Wojtyla deixou a cabeça pender ligeiramente para a direita e seu semblante ficou sereno. Eram 21h37 de 2 de abril de 2005, o primeiro sábado do mês e as primeiras vésperas da festa da Divina Misericórdia.

A notícia de sua morte espalhou-se na mesma hora pela Praça São Pedro. Unidos pelo pesar, os milhares de presentes compartilharam a dolorosa sensação de ter perdido um ente querido que fizera parte de sua vida de forma intensa. Em cada um deles, porém, a voz da fé evocava o extraordinário testemunho que João Paulo II ofereceu em vida, uma existência que se encaixava perfeitamente nas palavras de São Paulo: "Combati o bom combate, terminei a minha corrida, guardei a fé" (2 Timóteo 4:7).

Já entrou para a história a imagem do Evangelho sobre o caixão de João Paulo II, na Praça São Pedro, no dia de seus funerais: um vento impetuoso, que fazia os trajes dos cardeais esvoaçarem, folheava as páginas violentamente. Ao pé da escadaria, no entanto, tudo estava tranquilo. O Espírito Santo soprava em torno daquele altar. Um sacerdote comentou, de modo poético: "Naquele momento percebi não apenas a força da Igreja, que exprimia seu amor e sua devoção ao pastor que a guiara por quase 27 anos, mas também a concreta manifestação de Pentecostes."

Outro episódio significativo, porém menos conhecido, ocorreu na Cidade do México. Pouco antes dos funerais, o "papamóvel" que Wojtyla utilizara durante as visitas ao país foi retirado da nunciatura. Dentro dele estava a poltrona que o pontífice utilizou em uma missa, e sobre ela estava uma foto sua. A triste procissão percorreu as ruas da cidade até a Basílica da Virgem de Guadalupe, onde dezenas de milhares de fiéis se reuniram para acompanhar a transmissão pela televisão direto de Roma. A poltrona foi colocada à entrada da basílica e, de repente, exatamente quando a Praça São Pedro era açoitada pelo vento, uma pomba pousou sobre ela.

*Capítulo 3*

# O MÍSTICO

## SUBIR O RIO EM DIREÇÃO À NASCENTE

Muito já se escreveu sobre a vida de João Paulo II. E ele próprio contou muito sobre ela, não só nas longas entrevistas que concedeu, mas também nos numerosos fragmentos biográficos que adorava inserir em seus ensaios e discursos. Certa vez, porém, fez uma confidência: "Tentam me entender por fora, mas só posso ser compreendido por dentro."

O percurso existencial de Karol Wojtyla traz, de fato, a sua luz e o seu princípio pela adesão plena a Cristo, pela certeza de estar nas mãos dele e de nunca ser privado do seu amor. Uma espiritualidade expressa com extraordinária intensidade pelas palavras de São Paulo: "Vivo, não mais eu, mas Cristo vive em mim" (Gálatas 2:20), nas quais encontramos não apenas o exercício por parte de João Paulo II das virtudes em grau heroico, mas também sua capacidade de estabelecer relações verdadeiras com os outros ao exemplo de Jesus: "Tenho-vos chamado amigos" (João 15:15).

A fé, a esperança, a caridade, assim como sua coragem, a tenacidade e a indiferença aos bens terrenos se alimentavam da sua certeza de pertencer a Cristo. O mesmo valia para sua liberdade de pensamento e de ação. "Ah, é mesmo? E em que jornal elas vão ser publicadas?" foi, por exemplo, a resposta que ele deu aos colaboradores que o informavam, preocupados, sobre as famosas fotos feitas clandestinamente por um paparazzo quando ele estava nadando na piscina de Castel Gandolfo.

O que guiava seus passos era a capacidade mística de observar e julgar o mundo como obra de Deus e como Sua manifestação permanente entre os homens. Ir além do mero fluxo dos acontecimentos, ação que *Trittico romano* – sua última obra poética – traduzia figurativamente como o esforço de subir um riacho contra a corrente para chegar, enfim, à nascente no momento em que Deus criou o homem à Sua imagem e semelhança.

Esse modo de ver e essa proximidade com Cristo consolidavam seu sacerdócio. A um aluno do seminário romano que lhe perguntou o que significava, para ele, ser vigário de Cristo, João Paulo II respondeu sem hesitar: "Antes de ser vigário de Cristo, sou e trabalho *in persona Christi*, como sacerdote." Como acentuou o papa Bento XVI num dos primeiros "Angelus" que celebrou, a vida de João Paulo II pode realmente ser ilustrada com uma parábola eucarística, na qual seu próprio sacrifício pela Igreja, por seus irmãos e pela glória de Deus foi total.

Também foi completa sua disposição em acolher, desde o início, a dádiva que Deus lhe oferecia. Aos 20 anos, Wojtyla já experimentara a dor da separação física de todas as pessoas que lhe eram caras. Tendo ficado completamente sozinho depois da morte do pai, e convencido do teor aleatório e do limite de toda a verdade humana, compreendeu que já não podia contar apenas com as próprias forças, mas que devia confiar unicamente em Cristo e em sua palavra de salvação.

Essa confiança total em Deus foi, por certo, mais do que uma simples compensação de carência afetiva íntima. Foi, na verdade, o destino natural de uma caminhada empreendida por ele desde muito jovem. Um trajeto marcado pela descoberta progressiva do poder e da beleza da palavra de Deus e de sua superioridade em relação à dos homens, cuja etapa fundamental foi a sua escolha por abandonar o teatro para entrar no seminário, privilegiando a teologia sobre a estética.

## BENDITOS SEJAM OS POBRES

A decisão de viver em comunhão com Cristo em nome da verdade coincide, em Wojtyla, com uma tendência cada vez mais radical à essencialidade, à pobreza de espírito exaltada pela primeira das beatitudes evangélicas. Indo além da acepção do Antigo Testamento – que considerava a pobreza simples falta de meios materiais e a rotulava como maldição do Senhor, em contraposição à sua bênção, da qual a abundância de rebanhos, mulheres, filhos e bens era sinal manifesto –, Jesus, no Sermão da Montanha, a identificou como a condição de quem abre seu coração para acolher a boa-nova que anuncia o aparecimento do divino no mundo, a presença do reino de Deus entre os homens. O percurso místico de Karol Wojtyla desenhou-se, na verdade, como sua transformação progressiva em um *anawim*, o "pobre de Israel", que não tem outra esperança, outro ponto de referência senão Deus. E ele se conduziu a um precoce afastamento místico dos bens terrenos.

Já nos tempos em que trabalhava na fábrica Solvay, os companheiros tinham notado que muitas vezes ele chegava de manhã sem o casaco ou o suéter que usava no dia anterior, e sua explicação era sempre a mesma: "Dei a alguém que encontrei no caminho e que precisava mais dele do que eu." Eles lhe davam algo para se agasalhar, mas ele o usava por pouco tempo, deixando os colegas de trabalho desapontados.

Depois do fim da guerra, Wojtyla tornou-se encarregado da recepção do seminário diocesano, na rua Podzamku. Sua tarefa era acolher e ouvir todos os que iam buscar ajuda, às vezes espiritual, mas quase sempre material. Um ex-irmão do seminário contou sobre ele: "Sua fé inabalável na divina Providência e a extraordinária sensibilidade que demonstrava a todo tipo de sofrimento eram muito edificantes. Nunca pensava em si mesmo ou nas próprias necessidades. Compartilhava com os pobres tudo o que tinha. Sabia dar com discrição e com tal respeito que aquele que recebia o donativo não se sentia humilhado. Assisti involuntariamente a esses episódios, mas sempre procurei não me deixar notar e sair sorrateiramente, para não constranger nem ele nem aquele que recebia suas doações."

Um dia, as irmãs para as quais ia celebrar a missa o viram vestido de maneira totalmente inadequada para se proteger do rigor do inverno e decidiram fazer para ele um agasalho de lã grossa. Não é difícil imaginar o que elas pensaram quando, na semana seguinte, dom Wojtyla apresentou-se sem a vestimenta, pois a dera a um pobre.

Certo domingo de manhã, na Igreja de São Floriano, os fiéis tiveram de esperar muito até que ele chegasse para a celebração. Só apareceu depois que o sacristão, que foi chamá-lo, lhe emprestou os sapatos. Na verdade, na noite anterior, o jovem vice-pároco dera seu único par de calçados de presente a um amigo estudante que não tinha nenhum. Alguns anos depois, quando já era bispo, ele fazia uma visita pastoral quando foi necessário que lhe comprassem sapatos urgentemente, uma vez que um dos seus perdera a sola. Ele ainda quis mandá-los para um sapateiro e só se conformou em comprar um novo par quando o homem lhe disse: "Este aqui já não pode ser consertado!"

A Cúria diocesana não compreendia muito bem esse comportamento. Os arcebispos que o haviam precedido, todos de origem nobre, sempre se certificaram de que o alto nível de sua aparência refletisse a autoridade do cargo que ocupavam. Mas Wojtyla representava uma clara ruptura em relação à tradição. Deu prova disso quando, por exemplo, após uma visita à comunidade de imigrantes poloneses nos Estados Unidos, recebeu de presente um veículo novo, um luminoso Ford, que lhe foi entregue diretamente em Cracóvia.

O cardeal usou-o por um tempo, depois decidiu substituí--lo por um Volga, muito mais econômico e popular. Seus colaboradores perguntaram por que fizera aquilo e ele respondeu: "Quando me mostraram um catálogo com diversos modelos de automóveis, escolhi aquele que me parecia o menor. Quando o vi ao vivo, me dei conta de que era muito bonito. Depois, durante uma visita pastoral, ouvi um menino dizer a outro: 'Que carrão!' Não quero que os fiéis se lembrem das minhas visitas por causa do carro que usei, e sim por meu ministério." Como não poderia ser diferente, o dinheiro obtido com a diferença de preço foi destinado aos pobres.

## O ESSENCIAL COMO FORMA DE LIBERDADE

Não era fácil conseguir presenteá-lo com alguma coisa. Quando foi celebrado o vintênio de sua consagração episcopal, os prefeitos diocesanos decidiram não lhe dar dinheiro, sabendo que ele o distribuiria imediatamente. Quem lhe dava um envelope com alguma quantia podia estar certo de que o arcebispo, sem sequer abri-lo, o entregaria ao tesoureiro da Cúria, isso se não chegasse antes às mãos de um necessitado. Sempre que podia, Wojtyla doava pequenas quantias aos sacerdotes com os quais se reunia, explicando que eram doações pela celebração de missas.

O capelão da Universidade de Cracóvia lembrou que no fim de uma missa celebrada por Wojtyla para os estudantes, na Basílica do Sagrado Coração de Jesus, lhe fez uma doação em dinheiro. Wojtyla não queria aceitar, mas depois de muita insistência finalmente concordou e disse que aquela soma serviria para ajudar quem estivesse passando necessidade. Algum tempo depois, o capelão veio a saber que o dinheiro tinha "voltado à origem", pois o cardeal o entregara ao responsável pela pastoral universitária recomendando que fosse utilizado em benefício dos estudantes pobres.

Quem se ocupava do seu guarda-roupa, na época, lembrou como Wojtyla sempre vestia trajes modestos e se recusava a subtituí-los, mesmo quando já estavam gastos. Quando rasgavam, ele pedia que fossem remendados. Tinha um único casaco, dentro do qual, no inverno, enfiava um enchimento, que retirava na primavera e no outono. Até mesmo quando ia esquiar usava macacões já gastos, que pouco o protegiam do frio e da umidade. Em suma, além das vestimentas talares de sacerdote, seu armário continha apenas uma muda de calças e algumas camisas.

Certo dia, durante as férias de verão, pegou suas camisas e cortou as mangas, pois fazia muito calor. Com a chegada do inverno, dona Maryja, a empregada, percebeu a situação e contou ao responsável pela administração, que respondeu: "Tudo bem, vou pedir que comprem para ele camisas novas de mangas compridas agora mesmo." A mulher retrucou: "Não é tão simples, porque ele não usa coisas novas; sempre as dá de presente." As camisas foram compradas, mas, para que pudessem ser usadas pelo arcebispo, recorreu-se a um truque que a mulher tinha imaginado havia tempo: foram sujas e lavadas diversas vezes, para que parecessem usadas. Wojtyla não percebeu nada e não fez objeções.

Embora não tivesse quase nada, ele sempre pedia que dona Maryja desse aos outros o que ele considerava supérfluo, mesmo que se tratasse apenas do estritamente necessário. De vez em quando, ele a convocava: "Vá ao meu quarto e organize minhas coisas. As mais usadas, deixe para mim, e as melhores, dê aos necessitados." Na verdade, não havia muita coisa para dar.

Uma vez, em Cracóvia, no tempo em que ainda era bispo auxiliar, Wojtyla estava no segundo andar da residência da rua Kanonicza quando ouviu vozes vindo do térreo. Desceu para ver o que estava acontecendo e a cozinheira, dona Emilia, informou que uma pessoa batera na porta e pedira roupas. O bispo solicitou que ela o acompanhasse a seu quarto, abriu o armário e disse: "Por favor, pegue o que quiser e dê àquele homem." E voltou a seus afazeres.

Ao se tornar papa, Wojtyla não moderou nem um pouco seu rigor. Por exemplo, ele se opôs firmemente à troca dos móveis de seu apartamento no Vaticano, embora eles tivessem sido utilizados por Paulo VI e já estivessem consumidos pelo tempo. Fez uma concessão apenas para a cozinha, por motivos de segurança. Durante as férias que passou em Lorenzago di Cadore, as irmãs Elisabetinas, que cuidavam da residência em que ele se hospedava, perceberam que suas roupas de baixo estavam tão remendadas que chegavam a lhe irritar a pele. Assim, tomaram a iniciativa de substituir todas elas por peças novas. Com surpresa, foram delicadamente repreendidas por terem feito isso. Quando estava hospitalizado, Wojtyla comportava-se do mesmo modo: se suas meias compridas de lã furavam, solicitava que fossem remendadas, não substituídas, e pedia que seus colaboradores distribuíssem as novas a quem precisasse delas mais do que ele.

Não havia nada de forçado nessa escolha de viver na pobreza absoluta. Karol Wojtyla agia assim pelo desejo de se assemelhar completamente a Cristo. Como destacou publicamente o cardeal Camillo Ruini, vigário da diocese de Roma na época em que se desenvolveu o processo de beatificação, essa atitude também encontrava raiz na profunda liberdade interior que o distinguia e que se concretizava no seu modo característico de se relacionar com as pessoas, com o universo, com todas as coisas materiais. O testemunho que ele oferecia era ainda mais emblemático porque era autenticamente vivido no âmbito interior, livre de qualquer intenção de chamar atenção para si.

Isso se demonstrou, entre muitas outras coisas, num episódio pouco conhecido que ocorreu durante a visita pastoral ao Brasil. Ao se encontrar com os fiéis de uma favela do Rio de Janeiro, João Paulo II ficou profundamente impressionado com a extrema pobreza de uma família. Assim, tirou o anel do dedo e o deu de presente à mãe das crianças que o cercavam. Tratava-se do anel de ouro recebido de Paulo VI quando Wojtyla foi consagrado cardeal, mas ele não hesitou em abrir mão do objeto, porque era a coisa mais preciosa que possuía no momento. E durante todo o resto da viagem apostólica precisou tomar emprestado o anel episcopal do cardeal secretário de Estado.

## UM PENSAMENTO CRIATIVO E POÉTICO

A produção literária, poética e ensaística de Karol Wojtyla é enorme. Os escritos chamados magisteriais, isto é, relativos ao período de seu pontificado, ocupam dezenas de volumes e equivalem a cerca de 20 vezes a Bíblia inteira. No âmbito da investigação canônica foi realizada uma análise profunda, com a participação de alguns especialistas, para destacar seus princípios essenciais. Emergiu dessa leitura atenta um verdadeiro perfil espiritual de Wojtyla, com a identificação – segundo os teólogos consultados – de cinco âmbitos do seu pensamento e, por consequência, também de sua vida e suas ações.

Em primeiro lugar coloca-se o homem, imerso numa estreita relação com Deus em Jesus Cristo. Apenas em Deus ele pode compreender plenamente a si mesmo, e somente em Deus é capaz de realizar sua vocação à felicidade na Terra e no Céu. Uma preocupação com o bem-estar do homem, com sua dignidade e com seus direitos – liberdade, justiça e respeito à vida da concepção até a morte natural – é o tema-chave de todos os escritos do pontífice.

Em segundo lugar está a fé como única modalidade para interpretar e compreender o mistério do homem, dos episódios que ocorrem na sua vida e das situações na Igreja e no mundo. A fé é, também, uma força capaz de superar qualquer dificuldade que degrade a dignidade do homem e escravize sua liberdade.

Com base na convicção de que a verdadeira fé nasce e se consolida por meio do amor, para João Paulo II o terceiro aspecto essencial é a caridade, que consiste no amor heroico a Deus e ao homem. Esse amor confere à vida seu sentido definitivo, cria a disposição para perdoar, dá a esperança de um futuro melhor e derruba as barreiras da inimizade e de todo preconceito e ódio, lançando os fundamentos para a cultura do amor. O amor autêntico não escraviza, mas respeita a liberdade e a dignidade do parceiro.

O quarto tema-chave, portanto, é o diálogo como único método válido e adequado de contato com o ser humano, na corrente comum para a verdade. O que fortalece esse diálogo é a oração, a quinta temática, que é, por natureza, a conversa amorosa do homem com Deus e de Deus com o homem, a pedra fundamental para as realizações humanas e o fundamento da fé, da esperança e da caridade.

Os discursos, os sermões e os documentos do pontificado têm, obviamente, uma importância particular. Porém, pode-se dizer que a parte mais original do pensamento de Karol

Wojtyla é composta daqueles textos escritos fora do âmbito magisterial, com o objetivo de estabelecer uma série de reflexões significativas e ideias desenvolvidas ao longo dos anos.

O que a análise dos especialistas ressaltou particularmente foi a criatividade de seu pensamento, unida a uma profunda disciplina lógica e uma grande erudição, tanto filosófico-teológica como histórico-literária, com aquele toque a mais dado por sua aguda sensibilidade poética. Entre tantas outras, uma obra foi assinalada como ápice simbólico de seu percurso místico: *Segno di contradizione* ("Sinal de contradição"), que reúne as meditações dos exercícios espirituais anunciados ao papa Paulo VI e à Cúria do Vaticano de 7 a 13 de março de 1976.

O título faz referência ao texto evangélico da chamada profecia de Simeão, relativa ao Menino Jesus: "E Simeão os abençoou e disse a Maria, mãe de Jesus: 'Este menino está destinado a causar a queda e o soerguimento de muitos em Israel e a ser um sinal de contradição, de modo que o pensamento de muitos corações será revelado. Quanto a você, uma espada atravessará a sua alma.'" (Lucas 2:34-35). Um texto ao qual o cardeal Wojtyla associou idealmente Paulo VI, que na época era alvo de uma crescente oposição ideológica no interior da própria Igreja Católica. Assim, aquela sequência de exercícios espirituais representou para Wojtyla a possibilidade de encorajar, na fidelidade a Cristo, o sucessor de Pedro, para quem não é simples a tarefa de fortalecer a fé dos fiéis.

Um dos censores teológicos explicou: "O pregador volta a esse tema com discrição e faz isso de modo particularmente comovente na Oração no Getsêmani, na qual, numa atmosfera impregnada da oração pessoal, pouco a pouco introduz os participantes aos exercícios espirituais no drama da obediência de Cristo ao Pai e, ao mesmo tempo, no drama da Igreja, que – na fragilidade humana dos apóstolos no Getsêmani – não se mostrou solidária a Cristo, deixado sozinho. A partir daquele momento, a Igreja é chamada incessantemente pelo seu Senhor a 'recuperar', em certo sentido, aquelas horas perdidas, velando noite adentro na oração que a une, do modo mais profundo, ao Salvador, que se encontra nos umbrais do cumprimento de sua missão redentora."

O meticuloso trabalho de análise conduzido em toda a sua obra permitiu identificar, como motivos e inspirações subjacentes, alguns traços essenciais do perfil – espiritual e humano – de João Paulo II, sintetizados a seguir:

1. A consciência constante da presença de Deus e o amor a Deus com todo o coração.
2. O fascínio do mistério do homem (particularmente dos caminhos de seu amadurecimento por meio do amor) e a intransigente preocupação com sua salvação.
3. O forte sentimento de justiça e a sensibilidade às necessidades daqueles que foram vítimas de erro e dos que estão em perigo (os que ainda não nasceram, os pobres, os jovens, os doentes).
4. A abertura ao diálogo com todas as pessoas e a disposição de levar em consideração toda crítica fundamentada e toda contribuição preciosa, porém unida à firme vontade de expor e defender a verdade: inteira, sem reduções, mesmo quando ela for difícil e provocar oposição.
5. O respeito pela diversidade das vocações na Igreja e a consequente necessidade de colaboração, tanto com o clero como com o laicato.
6. A piedade autêntica, firmemente enraizada na Sagrada Escritura e aprofundada teologicamente; uma devoção trinitária que encontra seu complemento harmonioso na devoção mariana e na veneração aos santos.
7. O amor sincero pela Igreja, confirmado tanto pelo cuidado em conhecer e estudar seus ensinamentos (em especial

os do Concílio Vaticano II) como pelo serviço diligente da Igreja local de Cracóvia, com uma abertura simultânea para os deveres da Igreja no seu todo.

8. Um zelo verdadeiramente incomparável.
9. A honestidade intelectual, manifestada por uma abordagem íntegra de qualquer questão e pelo esforço de apresentar sua posição de modo claro.
10. O alto nível cultural, expresso no estilo de falar e de escrever.

Ainda assim, vale lembrar que João Paulo II sempre foi humilde com relação às suas obras. Recebia, obviamente, inúmeros gestos de apreço, declarações de admiração, cumprimentos. Mas aceitava tudo em nome da missão de pontífice, e não de si próprio. Uma das testemunhas do processo, por exemplo, contou que depois da publicação do livro *Poesias de Karol Wojtyla*, ouviu-o dizer em tom irônco: "Se eu não fosse o papa, ninguém se interessaria por essas edições!"

## ILUMINANDO O CAMINHO COM A CHAMA DA ORAÇÃO

A vida de Karol Wojtyla foi uma admirável síntese de oração e ação. Era da oração que vinha a fecundidade da sua ação. Quem ouviu suas confidências revelou que João Paulo II tinha a consciência de que "o primeiro dever do papa com a Igreja e o mundo é o de orar" e que, "por meio da oração, nascia nele a capacidade de dizer a verdade sem medo, uma vez que somente diante de Deus não existe medo nos homens".

Em todas as situações difíceis do seu ministério, ou nos momentos históricos particularmente complicados, João Paulo II confiava na oração para encontrar clareza sobre o caminho a seguir. Quando os colaboradores – como eles próprios lembraram – que deveriam sugerir eventuais soluções para um problema admitiam ainda não ter identificado nenhuma, João Paulo II, sereno e confiante, costumava encorajá-los: "Vamos achar quando rezarmos mais." Não era raro que reunisse as pessoas que viviam nos apartamentos pontifícios e fosse rezar com elas na capela. Em certa ocasião particularmente dramática, o papa se pôs a rezar o "Miserere" em voz alta.

Quando foi declarado o estado de sítio na Polônia, na madrugada de 12 para 13 de dezembro de 1981, o papa convocou diversos monsenhores poloneses para que o informassem sobre o que estava acontecendo. Um deles relatou: "Estávamos todos emocionalmente envolvidos, mas as notícias não chegavam e nos perguntávamos o que poderia ocorrer. Ao terminar o jantar, o Santo Padre, com muita tranquilidade, nos disse: 'Devemos rezar muito e esperar um sinal de Deus.' Depois, como costumava fazer, retirou-se para a capela a fim de orar."

Fazia a mesma coisa antes de nomear um bispo para uma diocese que estivesse enfrentando dificuldades ou que fosse particularmente trabalhosa. Poucos meses antes de sua morte, ele estava às voltas com a escolha do arcebispo de uma cidade importante. Era uma decisão difícil, pois havia pareceres divergentes na Congregação dos Bispos. O papa ouviu todas as informações e avaliações apresentadas e concluiu: "Celebrarei a missa nessa intenção, depois decidirei entre os dois candidatos."

Certa noite, quando a encíclica *Evangelium vitae*, que seria publicada em 25 de março de 1995, estava sendo preparada, durante o jantar houve uma interessante discussão entre os participantes, todos empenhados em defender sua posição. O pontífice ouviu-os por quase duas horas, com muita paciência e compreensão, e por fim disse: "Está bem, agora vão para casa que eu vou rezar. Amanhã lhes darei a resposta."

Além dos casos excepcionais, a oração constituía a fonte essencial da qual João Paulo II extraía sua energia espiritual no dia a dia. Seu ministério sacerdotal alimentava-se de um contínuo e extraordinário contato com Deus, ao qual sempre recorria para celebrar a missa.

Começava a se aprontar para o serviço matinal na noite anterior, recitando em latim as orações de preparação. Quando acordava durante a noite, recordava a intenção pela qual celebraria a missa – todas as quartas-feiras, por exemplo, fazia-o a favor da diocese de Roma. "Quando o Santo Padre chegava à sacristia", contou um dos encarregados do cerimonial, "punha-se de joelhos ou, nos últimos anos do pontificado, permanecia na sua cadeira e rezava em silêncio. A oração durava de 10 a 20 minutos, e parecia que o papa não estava presente entre nós. Em certo momento, levantava a mão direita e nos aproximávamos para começar a vesti-lo, em silêncio absoluto. Estou convencido de que, antes de se dirigir às pessoas, João Paulo II se dirigia, ou melhor, falava com Deus. Antes de representá-Lo, pedia permissão a Ele para ser Sua imagem viva diante dos homens. O mesmo acontecia depois da celebração: tão logo despia a vestimenta sagrada, ajoelhava-se na sacristia e orava." Uma testemunha recordou: "Ele estava ajoelhado na capela particular, rezando. De vez em quando, lia algo numa folha que tinha à sua frente, depois apoiava a testa nas mãos: era evidente que orava com muito fervor para a intenção registrada naquele papel. Depois lia alguma outra coisa, na mesma folha, e retomava a posição de oração, e assim por diante, até que terminou e enfim levantou-se para vestir os paramentos."

"Não me comovo durante a missa, eu a realizo. Eu me comovo antes e depois", contou João Paulo II certo dia a um amigo. Muitos sacerdotes e bispos que tiveram oportunidade de conduzir a celebração com ele observaram isso amplamente. "Sua missa era um momento de verdadeiro encontro com Cristo imolado e ressuscitado no altar. Celebrava sempre com grande devoção e atenção. Após a Liturgia da Palavra, fazia uma longa meditação, durante a qual se mantinha em silêncio absoluto. O Santo Padre não olhava para ninguém, ficava profundamente concentrado, e o mesmo acontecia depois da comunhão, no fim da celebração eucarística. Ninguém nunca se queixou de que a adoração, que era longa, fosse muito cansativa. Tinha-se a sensação de que se tratava de uma experiência que não era deste mundo." E outra testemunha resumiu: "Cheguei à conclusão de que o papa tinha uma percepção extraordinária do mistério eucarístico que celebrava. Impressionava-me, principalmente, o modo como recitava a oração eucarística após a consagração: era como se estivesse levando às costas toda a Igreja e o mundo." Não por acaso, um embaixador muçulmano junto à Santa Sé, na visita de despedida, comentou com um amigo no Vaticano: "Excelência, o que mais me impressionou nos três anos que passei aqui não foi tanto sua visão geopolítica do mundo, e sim o fato de ter visto o papa orar nas cerimônias públicas."

## UM ARMÁRIO COMO CAPELA

"Estou convencido de que João Paulo II tenha sido favorecido com uma graça especial para a oração que lhe permitia penetrar nos mistérios da fé de modo inacessível ao homem comum", declarou alguém próximo a ele. "Vi seu rosto muitas vezes depois da contemplação e da adoração, e ele parecia visivelmente mudado e feliz. Durante a oração, parecia ter uma conversa contínua com Deus, comparável à de Moisés quando dialogava face a face com Ele. Durante a oração, Wojtyla não percebia qualquer ação em torno dele. Perdia a noção de tempo, tanto que o secretário precisava, a certa altura, tirá-lo dessa extraordinária concentração, pois outros compromissos o aguardavam."

Em contato com Deus, João Paulo II mergulhava numa dimensão privilegiada, quase se desvinculando da percepção da realidade. Uma estranheza mística descrita, entre outros, por um amigo seu de infância. Certo dia, no início da década de 1970, ele observou que, embora fosse muito jovem, Wojtyla já gozava de uma série considerável de títulos. "Então, com toda a seriedade, eu disse que o Senhor Jesus, aos 33 anos, já 'resolvera' o problema da redenção do mundo. E ele respondeu: 'Aquele era Ele!', e mergulhou na oração. Passou um longo tempo rezando, começou a fazer frio e eu disse que era hora de ir, mas foi preciso despertá-lo daquele estado. Ao conversar com Deus, ele mergulhava num estado de contemplação."

Já nos tempos em que dom Karol servia na paróquia de Niegowic, os habitantes do lugar contavam que o jovem padre passava muitas noites diante do Santíssimo e começaram a espiar afetuosamente suas vigílias. Muitas vezes o viam estendido no piso descoberto, por mais frio que estivesse. Um amigo polonês que trabalhava em Roma precisou instalar uma plataforma de madeira sobre o mármore frio do piso da capela particular do seu apartamento no Vaticano, porque Wojtyla passava horas inteiras estendido no chão, com os braços abertos, como se estivesse preso a uma cruz. O cardeal Pedro Rubiano, arcebispo de Cali, também testemunhou esse comportamento inusitado. Certa noite, durante a viagem pastoral à Colômbia, o papa, cansado, se despediu, dizendo que iria dormir. Pouco depois, Rubiano foi à capela verificar se estava tudo em ordem para o dia seguinte e descobriu João Paulo II estendido no chão, orando.

Certamente os impedimentos logísticos nunca desencorajavam o pontífice quando aflorava nele a urgência de rezar, como demonstram alguns episódios.

Em maio de 1992, antes da celebração da missa na Feira de Pordenone, o papa foi ao banheiro, mas demorou a voltar ao local que serviria de sacristia. Preocupado, um dos colaboradores foi verificar se estava tudo bem e, pela porta entreaberta, viu João Paulo II no lavatório, orando ajoelhado, apoiado na pia. Outra testemunha, quando estava em Castel Gandolfo, entrou por engano num aposento que servia de closet e deparou com o papa absorto em oração.

Quem o acompanhava num passeio ou numa caminhada sabia muito bem que, ao chegarem ao destino, conversava-se com ele durante alguns minutos e depois era preciso deixá-lo sozinho. Wojtyla então se afastava e meditava, contemplando a natureza e a grandeza de Deus. Quando ia ao Santuário de Nossa Senhora da Mentorella, pedia que o deixassem a oito quilômetros de distância e subia a pé até o santuário, em silêncio, rezando e meditando.

A adoração ao Santíssimo constituía, para ele, um momento de total afastamento do circunstancial, para se entregar nas mãos do Senhor. Em Cracóvia, ia sempre à Igreja de São José, na rua Poselska, onde se realiza a adoração perpétua. No Vaticano, toda vez que passava diante de sua capela particular, não deixava de entrar na sacristia.

Quando o papa certa vez se ausentou para uma viagem pastoral, o núncio colocou em sua capela um quadro de Botticelli. Durante um jantar ele perguntou ao pontíficie se ele tinha gostado. João Paulo II respondeu que tinha entrado na capela para ir ao tabernáculo e que nenhuma obra de arte, em nenhum museu do mundo, valia mais do que isso. Conhecendo-o bem, o monsenhor Dino Monduzzi, quando era prefeito da Casa Pontifícia, sempre recomendava aos organizadores de visitas que não fizessem o Santo Padre passar diante do lugar onde se guardava a hóstia sagrada, pois sem dúvida ele entraria – e ali ficaria por algum tempo –, atrasando o roteiro do dia.

Particularmente comovente foi a última celebração do

Corpus Domini, dirigida pelo Santo Padre em 2004. Ele não andava mais, e sua cadeira foi fixada na plataforma do veículo preparado para a procissão. Diante dele, no genuflexório, estava exposto o ostensório com a hóstia sagrada. Pouco depois da partida, João Paulo II dirigiu-se a um membro do cerimonial perguntando se podia se ajoelhar. Delicadamente, o homem explicou que seria muito arriscado, pois o percurso acidentado tornava o veículo pouco estável. Alguns minutos depois, o papa repetiu "Quero me ajoelhar", e o homem sugeriu que ele esperasse uma parte do trajeto em que o piso da rua estivesse em melhores condições. Pouco depois, porém, Wojtyla exclamou, com determinação, quase gritando: "Mas Jesus está aqui. Por favor." Não foi possível dizer não a ele, e os dois homens do cerimonial o apoiaram com quase todo o peso no genuflexório. Quando suas pernas não conseguiram mais sustentar seu corpo, o papa tentou se erguer, agarrando-se na borda do genuflexório, mas precisou ser recolocado rapidamente na cadeira. Foi uma grande demonstração de fé: mesmo que o corpo não respondesse mais, ele permanecia firme em sua vontade.

## COM O CORAÇÃO DEVOTADO À SUA TERRA

Um diálogo íntimo com Deus, a oração era, para Karol Wojtyla, um alimento essencial também nas formas rituais que ditavam o ritmo dos dias. Começavam às cinco da manhã, quando ele ia à capela para rezar até as seis. Depois voltava ao quarto, para a meditação, antes de ir de novo à capela, às sete, a fim de celebrar a missa. O matutino Ato de Consagração ao Sagrado Coração de Jesus era para ele um momento vital de oração: numa folha de papel já amarelado, que tinha dobrado em forma de escapulário e que levava sempre consigo, João Paulo II escrevera de próprio punho, em letras miúdas, uma oração que terminava com as palavras: "*Totus tuus*, Sacratíssimo Coração de Jesus." Ao meio-dia, havia o "Angelus" – que aos domingos ele rezava junto com os fiéis, da janela do Palácio Apostólico que dava para a Praça São Pedro –, e o dia terminava com as "Completas". "Ele não as recitava de maneira mecânica, mas era evidente que procurava naquelas orações o modelo e a força para realizar suas tarefas", comentou uma freira que integrava sua comitiva.

Em seus primeiros 20 anos de vida, foi o pai – sólido ponto de referência afetiva e guia de sabedoria e espiritualidade – quem incutiu no jovem Karol o amor pela oração. O pai inspirou nele a profunda devoção ao Espírito Santo, reafirmada dia após dia por uma oração – descoberta recentemente – à qual permaneceu fiel até seus últimos dias: "Espírito Santo, peço o dom da sabedoria, para melhor compreensão de ti e da tua perfeição divina. Peço o dom do intelecto, para melhor compreensão da essência dos mistérios da santa fé. Dá-me o dom do conhecimento, para que eu possa orientar minha vida segundo os princípios da fé. Dá-me o dom do conselho, a fim de que eu possa procurar em ti a sabedoria para tudo e possa sempre encontrá-la em ti. Dá-me o dom da força, para que nenhum medo ou motivação terrena possa me afastar de ti. Dá-me o dom da piedade, a fim de que eu possa sempre servir a tua majestade com amor filial. Dá-me o dom do temor a Deus, para que nenhum medo nem motivação terrena possam me separar de ti."

À influência do pai logo se juntou a do alfaiate Jan Tyranowski, que conferiu à sua fé um vivo impulso místico e o fez conhecer os textos de São João da Cruz e de São Luis Maria Grignon de Montfort. Karol Wojtyla sempre teve uma imensa gratidão pelos contatos com eles, o que o induziu, uma vez papa, a pedir a um amigo sacerdote polonês que estabelecesse as bases para o processo de canonização desses santos que começou em 1997.

Sua devoção tinha raízes profundas na religiosidade popular polonesa, à qual permaneceu fiel até mesmo com seu aprofundamento na sua preparação teológica.

Ao longo do ano, acompanhando o ciclo da liturgia, João Paulo II adorava resgatar as tradições da sua juventude, como os hinos natalinos *Koledy* e, nos domingos da Quaresma, os serviços dedicados à Paixão de Cristo, com o ciclo de hinos setecentistas *Gorzkie Zale* (Amargo remorso). No mês de maio, toda noite se realizava a função religiosa mariana, cantando-se as ladainhas lauretanas, enquanto no mês de junho entoavam-se as ladainhas do Sagrado Coração. Quando a missa cotidiana era celebrada em polonês, era sempre acompanhada de cânticos ligados à festa do dia ou ao período do ano litúrgico. Quem participava delas ressaltou que "o Santo Padre sabia as estrofes de cor e cantava muitas delas, enquanto os outros, para acompanhá-lo, socorriam-se nos libretos".

Uma comoção especial tomava conta dele, por isso a cada vez recitava a Ladainha da Nação Polonesa e a Oração pela Pátria, do padre Piotr Skarga, com as invocações: "Rainha da Polônia, Virgem de Jasna Góra, Virgem de Kalwaria, Virgem de Myslenice, Virgem de Rychwald, Virgem de Ostra Brama, Mãe de todos os santuários poloneses, rogai por nós. Mãe, dai forças a todos aqueles que defendem a vida, que estão a serviço dela apesar das dificuldades, que oram para que a vida seja respeitada. Mãe do Amor Sublime, Mãe da Vida e Esperança nossa, intercedei por nós."

## INSPIRANDO-SE NOS SANTOS PARA A PRÁTICA DAS VIRTUDES

A oração e as práticas cotidianas de devoção não eram negligenciadas pelo Santo Padre nem mesmo durante as viagens apostólicas. Depois de longos dias de celebrações e encontros, ao voltar à nunciatura, ele pedia o breviário ao secretário – se não tivesse conseguido recitá-lo – e ia logo para a capela. E se alguma festividade litúrgica o impedia de homenagear o santo do dia, não deixava de o fazer assim que pudesse. Tinha uma veneração particular pelos santos. Toda manhã, quando saía do refeitório depois do café da manhã, atravessava a sacristia e beijava todas as relíquias que ficavam numa mesinha ao lado do altar. Junto a um fragmento da verdadeira cruz de Jesus estavam expostos restos mortais de São Pedro, de São Estanislau, de São Carlo Borromeo, de Santa Edwiges Rainha e de vários outros beatos e santos. Nos últimos tempos, quando ele já se deslocava na cadeira de rodas, continuou a pedir a seus auxiliares que o levassem para venerar as relíquias.

Com o intuito de oferecer aos fiéis vários modelos que pudessem seguir, em seu pontificado João Paulo II proclamou 483 santos e 1.345 beatos. Mantinha a biografia de cada um deles em duas grandes pastas que guardava em seu quarto e com frequência as relia para se inspirar na prática das virtudes.

Entre os milhares de homens e mulheres de Deus que ele elevou à honra dos altares, a figura mais querida foi, provavelmente, a da religiosa polonesa Faustina Kowalska (1905-1938), apóstola da devoção para a Divina Misericórdia. A mulher passara grande parte da vida fechada num convento, onde morreu com apenas 33 anos, e Wojtyla nunca teve a chance de conhecê-la. No entanto, as páginas do seu diário, com as revelações a respeito da Divina Misericórdia recebidas por ela diretamente de Jesus, tinham impressionado o jovem bispo de forma profunda.

Como ele mesmo explicou na homilia de 7 de junho de 1997, "a mensagem da Divina Misericórdia sempre me foi próxima e cara. É como se a história a tivesse inscrito na trágica experiência da Segunda Guerra Mundial. Naquela ocasião difícil, ela foi um sustentáculo e uma fonte inesgotável de esperança não apenas para os habitantes de Cracóvia, mas para toda a nação polonesa. Foi também minha experiência pessoal, que levei comigo à Sé de Pedro e que, em certo sentido, forma a imagem deste pontificado". Mais emblemática ainda foi a revelação feita aos fiéis em 16 de outubro de 2003, em seu 25º ano de pontificado, quando ele enfatizou: "Foi necessário recorrer à Divina Misericórdia para responder, com fé, à pergunta: 'Aceita?' 'Em obediência à fé, diante de Cristo, meu Senhor, confiando-me à Mãe de Cristo e da Igreja, consciente das grandes dificuldades, eu aceito.'"

Como descreveu um dos colaboradores dos anos de Cracóvia, Karol Wojtyla "achava que o amor de Deus assume uma forma particular no gesto da misericórdia, em acorrer em socorro do homem, do pecador, do infeliz e da vítima de injustiça. Ele nos fez compreender a necessidade de uma esperança profunda, que brota justamente da perfeição da misericórdia de Deus e que deve assumir uma forma dupla bem precisa: de um lado, é preciso confiar na misericórdia de Deus, e, de outro, ao mesmo tempo, é preciso ter um profundo senso de responsabilidade para estar a serviço dos irmãos e das irmãs com essa misericórdia".

Como pontífice, João Paulo II dedicou a segunda encíclica, a *Dives in misericordia*, de 1980, à temática do amor misericordioso de Deus, um testemunho da forte ligação que ele identificava entre esse atributo divino e a redenção realizada por Jesus Cristo por meio da Encarnação (que foi o tema de sua primeira encíclica, *Redemptor hominis*, de 1979). E o fato de que o papa Wojtyla tenha morrido na noite de sábado, em 2 de abril de 2005, quando a liturgia já tinha começado a celebrar justamente a festa da Divina Misericórdia – inserida por ele no calendário no domingo seguinte à Páscoa, seguindo a indicação explícita fornecida 70 anos antes por Jesus, durante uma aparição à irmã Faustina Kowalska –, é uma daquelas coincidências que a fé leva a considerar um sinal divino, um prêmio ao "servo fiel".

## A PREDIÇÃO DE PADRE PIO

Nessa fé plena na misericórdia divina havia um sentimento sincero de caridade ao próximo. No início do pontificado, João Paulo II pediu que lhe fossem levadas todas as cartas com pedidos de qualquer oração especial, de modo que ele pudesse se lembrar de mencionar todas durante a celebração da Eucaristia. Considerava os problemas das famílias e das pessoas como se fossem suas próprias questões e nunca deixava de pedir informações sobre o desenvolvimento de cada caso.

Durante as audiências gerais, quando os grupos presentes eram identificados, João Paulo II orava para cada um deles, muitas vezes dando a impressão de que se ausentava mentalmente. Do mesmo modo, nos encontros com as multidões que se reuniam nas viagens pastorais, seus lábios se moviam de forma quase imperceptível, numa prece silenciosa, como bem mostravam as imagens em primeiro plano na televisão.

Seu desvelo amoroso nos contatos com a humanidade inteira encontrou expressão emblemática em um episódio ocorrido no mosteiro de Tours, durante a visita à França, em setembro de 1996. Ao fim da viagem, ele foi apresentado a várias religiosas e as incumbiu de recitar uma oração para determinada nação, mencionando, um por um, todos os países do mundo. Como contou uma testemunha: "Havia nele algo que lembrava uma atitude típica de Santa Teresa de Ávila, quase como um medo de se salvar e deixar para trás alguém na danação eterna. Ele contava com todos, confiando na palavra de Jesus, que dissera, como lemos no Evangelho de João, que chamaria todos para si."

É nesse contexto que se enquadra a forte influência exercida sobre a formação espiritual de Karol Wojtyla por um grande místico do século XX, Padre Pio da Pietrelcina (1887-1968), o primeiro sacerdote estigmatizado da história. Uma profunda relação os unia, como se pode deduzir de uma carta inédita que o então bispo auxiliar de Cracóvia enviou ao Padre Pio em 14 de dezembro de 1963 e que só veio a público há pouco tempo graças às pesquisas conduzidas pela Comissão Histórica.

O texto, encontrado já em italiano, diz: "Reverendíssimo Padre, Vossa Paternidade com certeza recordará que algumas vezes, no passado, me permiti recomendar às suas orações casos particularmente dramáticos e dignos de atenção. Portanto, gostaria de lhe agradecer com sinceridade, também em nome dos interessados, por suas orações em favor de uma senhora, médica católica, doente de câncer, e do filho de um advogado de Cracóvia, gravemente enfermo desde o nascimento. Ambos estão bem, graças a Deus. Além disso, Reverendíssimo Padre, me permita confiar às suas orações uma senhora desta arquidiocese que é paralítica. Ao mesmo tempo, me permito lhe recomendar as grandes dificuldades pastorais que minha pobre obra encontra na situação atual. Aproveito esta oportunidade para reiterar o meu respeito, com o qual reafirmo minha profunda devoção à sua Paternidade, em Jesus Cristo."

No que se refere ao caso da Dra. Wanda Poltawska – que se curou, de forma espantosa, de um tipo de câncer que, segundo os médicos, não lhe dava esperanças de sobreviver –, os detalhes já eram conhecidos de uma primeira carta, de 17 de novembro de 1962, na qual Wojtyla pedia ao capuchinho que rezasse pela cura da mulher, e de uma segunda carta, de 28 de novembro, escrita para informá-lo e agradecer, pois, quando foi se proceder à cirurgia, a massa tumoral tinha desaparecido. No entanto, não se obteve mais qualquer informação sobre o caso do filho do advogado e o da mulher paralítica. Por outro lado, uma testemunha do processo de beatificação contou que, já em 1957, dom Wojtyla lhe tinha sugerido escrever ao Padre Pio, pedindo-lhe que orasse em favor de um familiar gravemente ferido.

Foi o comendador Angelo Battisti, responsável administrativo da Casa de Conforto ao Sofrimento e funcionário da Secretaria de Estado do Vaticano, que entregou e leu para o Padre Pio a primeira correspondência relativa à Dra. Poltawska. O capuchinho estava no convento. Ao fim da leitura, voltando-se para Battisti, disse, contente: "A este, não posso dizer não."

Mas antes disso, em 1947, quando o jovem Wojtyla foi a San Giovanni Rotondo encontrar-se com ele, Padre Pio já tinha mostrado uma posição incomum: certa vez, enquanto subia para sua cela, depois das confissões, voltou-se e piscou para um seminarista, seu filho espiritual, indicando-lhe, com um meneio de cabeça, aquele sacerdote estrangeiro. Algum tempo depois, ao falar sobre o futuro da Igreja, o mesmo seminarista descreveu um papa polonês que seria "um grande pescador de homens", seguido por outro papa (que pode ser identificado como o atual Bento XVI) "que fortaleceria amplamente os irmãos" .

Naquela ocasião, Wojtyla se confessou com o capuchinho. Em 16 de junho de 2002, na homilia da cerimônia de canonização do religioso, ele contou: "Padre Pio foi distribuidor da misericórdia divina, sobretudo por meio da administração do sacramento da penitência. Também tive o privilégio, durante minha juventude, de me beneficiar dessa disposição para os penitentes." Durante a confissão, Wojtyla percebeu que aquele frade tinha o dom de ser um guia espiritual e mais tarde trocou com ele algumas confidências, perguntando, entre outras coisas, qual dos estigmas lhe provocava maior sofrimento. A resposta foi que o mais doloroso era o da altura do ombro, onde Jesus tinha transportado a cruz. Uma chaga da qual nada se soube até depois da morte do padre, quando seu irmão, frei Modestino, encontrou uma blusa com uma grande mancha de sangue no ombro direito.

Uma testemunha que se reuniu com João Paulo II depois de assistir à sua missa na capela particular relatou um episódio insólito: enquanto conversavam, teve a impressão de ver o rosto do pontífice se esfumar e aparecer no seu lugar a imagem benévola do rosto do Padre Pio. Quando revelou sua experiência ao papa, ouviu-o responder com simplicidade: "Eu também o vejo."

## O "DIÁLOGO" COM MARIA

De fato, pode-se pensar que João Paulo II tinha o dom de uma percepção extraordinária do sobrenatural. Um membro de sua comitiva, quando conversavam sobre as aparições marianas, perguntou se ele já tinha visto Nossa Senhora. A resposta do papa foi clara: "Não, nunca vi Nossa Senhora, mas eu a sinto."

O "vínculo" de Karol com Maria remonta, na verdade, a seus primeiros instantes de vida. No momento do parto, em 18 de maio de 1920, sua mãe pediu à parteira que abrisse a janela do quarto para deixar que os primeiros sons ouvidos pelo recém-nascido fossem os cânticos em homenagem a Nossa Senhora, que chegavam, naquele momento, da paróquia ao lado, onde estava sendo celebrada a missa vespertina do mês mariano.

Em 1935, aos 15 anos, Karol foi admitido na Congregação Mariana, mas já pertencia ao grupo de candidatos desde 1933. Em seguida, foi eleito presidente da Congregação Mariana estudantil, no colégio para meninos Marcin Wadowita, em Wadowice.

Desde então, Wojtyla conservou algumas manifestações exteriores de devoção a Nossa Senhora, como o hábito de manter o rosário sempre enrolado em torno do braço de dia e sobre a mesinha de cabeceira à noite, ou o escapulário da Virgem do Carmelo que sempre levava ao pescoço e que ficou manchado por seu sangue no atentado de 1981, e do qual não quis se separar nem mesmo na sala de cirurgia. Sua devoção o impelia, já nos tempos em que estudava no Colégio Belga, em meados da década de 1940, a se deter com frequência para orar diante das chamadas "maddonelle" romanas, as edículas votivas com imagens ou baixos-relevos da Virgem. E o induziria depois, por ocasião da festa da Imaculada Conceição, em 1981, a benzer o mosaico de Maria Mater Ecclesiae – Maria Mãe da Igreja – que enfeitava a fachada do Palácio Apostólico que dava para a Praça São Pedro: Nossa Senhora finalmente também podia ser vista entre as muitas figuras de apóstolos e de santos que há séculos adornam a Basílica Vaticana e a Colunata de Bernini.

Como testemunhou o cardeal Deskur, quando Wojtyla foi nomeado arcebispo de Cracóvia encontrou o seminário diocesano quase vazio. Por isso, decidiu fazer um voto a Nossa Senhora: "Farei tantas peregrinações a pé a outros santuários seus, pequenos e grandes, próximos ou distantes, quanto for o número de vocações conquistadas a cada ano." A frequência logo começou a aumentar e o seminário já tinha quase 500 alunos quando o arcebispo deixou Cracóvia para assumir o trono de São Pedro. Era também em virtude dessa promessa sagrada a Nossa Senhora que João Paulo II insistia para que suas viagens pastorais incluíssem sempre no programa a visita a pelo menos um lugar de culto mariano. Em Cracóvia, orava pelos problemas da diocese no santuário vizinho de Kalwaria Zebrzydowska, ao qual chegava a pé, por trilhas, sem se importar com a lama ou a neve, tanto que seu motorista acostumou-se a ter sempre pronto, no carro, um par de galochas. Depois da "conversa" com a Virgem, explicava o arcebispo, toda dificuldade encontrava, inexplicavelmente, uma solução.

Outro lugar mariano que ele guardava no coração era o Santuário de Czestochowa. Uma testemunha italiana que participou da última viagem de João Paulo II à Polônia recordou: "A capela onde Nossa Senhora estava era muito pequena. Procurando um pouco de espaço para me ajoelhar, em certo momento percebi estar tão próximo do Santo Padre que quase o tocava. Ele orava. E, em certo momento, quase em voz alta. Não sei o que disseram um ao outro, mas foi uma conversa excepcional! Parecia que não ia acabar nunca. Aquele encontro com a 'mãe' afetou todo o programa da visita. E eu guardo uma profunda lembrança daquele diálogo, mesmo sem ter entendido uma só palavra. Ou talvez eu tenha entendido todas elas."

A intensidade e a concentração com que se dirigia a Maria conferiam ao papa, aos olhos de quem o observava, uma aura quase sobrenatural. Um hóspede seu durante as férias de verão em Castel Gandolfo contou que depois de recitar o rosário com ele no jardim, como fazia habitualmente, "João Paulo II postava-se diante da imagem de Nossa Senhora de Lourdes e pedia que eu me afastasse, mas eu fazia isso de modo que pudesse continuar a vê-lo. Ele ficava ali parado pelo menos por mais meia hora, orando, e era como se sofresse uma transformação física." O rosário, como ele mesmo admitia, era sua oração predileta. "Nosso coração pode resumir, nessas dezenas do rosário, todos os fatos que compõem a vida do indivíduo, da família, da igreja e da humanidade. Assim, a simples oração do rosário marca o ritmo da vida humana."

"Depois de uma conversa com o papa", lembrou outra testemunha, "tive a sorte – ou melhor, o dom – de ouvi-lo dizer: 'Nós vamos rezar o rosário, por que você não nos acompanha?' Eu o segui até o terraço de seu apartamento e, assim, compreendi o valor daquele rosário: era um momento de vigília por sua diocese, por toda a Igreja, pelo mundo, pelos que sofrem. 'Olhe!', dizia-me, às vezes, entre um mistério e outro, apontando os diversos edifícios do Vaticano e de Roma. Em certo momento me deixou estarrecido, ao dizer: 'Lá, naquele edifício, está também a sua casa!' E a seguir estendeu o olhar pela cidade. Via tudo, sabia tudo. 'Eu conheço Roma melhor...', dizia ele, sorrindo".

## "SE EU NÃO FOSSE PAPA, JÁ ESTARIA EM MEDJUGORJE PARA CONFESSAR"

Seu amor devotado por Maria aumentou ainda mais quando se tornou explícita a relação entre o terceiro segredo de Fátima e o atentado de maio de 1981. As testemunhas mais próximas dele confirmam que João Paulo II passava a também relacionar com esse dramático evento as aparições da Rainha da Paz em Medjugorje, na antiga Iugoslávia, iniciadas no fim de junho daquele mesmo ano. Para quem crê, o que teria confirmado essa ligação seria a mensagem que a própria Maria dirigiu aos fiéis em 25 de agosto de 1994, durante os preparativos da viagem pastoral do papa à Croácia, programada para os dias 10 e 11 de setembro daquele ano: "Queridos fiéis, hoje estou unida a vocês em oração de modo especial, rogando para a dádiva da presença do meu amado filho em sua pátria. Orem, meus filhos, pela saúde do meu filho querido, que sofre, mas que eu escolhi para estes tempos."

Embora sem jamais tomar uma posição oficial sobre tais aparições, em particular o papa não escondia sua convicção. Ele confirmou ao monsenhor Murilo Sebastião Ramos Krieger, arcebispo de Florianópolis, que pela quarta vez estava indo em peregrinação ao Santuário da Rainha da Paz: "Medjugorje é o centro espiritual do mundo!" Em 1987, durante uma rápida conversa, Karol Wojtyla confiou à vidente Mirjana Dragicevic: "Se eu não fosse papa, já estaria em Medjugorje para confessar."

Essa intenção é reiterada pelo testemunho do cardeal Frantisek Tomasek, arcebispo emérito de Praga, que também o ouviu dizer que, se não fosse papa, gostaria de ter ido a Medjugorje para ajudar os peregrinos.

Mais eloquentes ainda são as palavras escritas pelo bispo de San Angelo, nos Estados Unidos, o monsenhor Michael David Pfeifer, na carta pastoral de 5 de agosto de 1988 à diocese: "Durante minha visita *ad limina* com os bispos do Texas, em uma conversa particular perguntei ao Santo Padre o que ele pensava sobre Medjugorje. Ele respondeu: 'Dizer que não acontece nada em Medjugorje significa negar o testemunho vivo de milhares de pessoas que estiveram lá.'"

Remonta a 26 de março de 1984 um episódio relatado pelo arcebispo eslovaco Pavel Hnilica, um dos prelados mais íntimos do pontífice. Ele foi almoçar com o papa a fim de lhe informar sobre sua missão secreta a Moscou – para celebrar, às escondidas, uma missa no Kremlin – e João Paulo II perguntou: "Pavel, você foi a Medjugorje?" O arcebispo respondeu que não tinha ido porque algumas autoridades vaticanas não aconselharam a visita. O pontífice então disse: "Vá sem se identificar e volte para me dizer o que viu." Em seguida, levou-o à biblioteca e lhe mostrou um livro do padre René Laurentin, no qual estavam impressas algumas mensagens da Rainha da Paz, comentando: "Medjugorje é a continuação de Fátima, é a realização de Fátima."

Depois da morte de João Paulo II, os seus amigos Marek e Zofia Skwarnicki puseram à disposição as cartas que ele lhes enviou, ricas em referências a Medjugorje. Em 28 de maio de 1992, o pontífice escreveu ao casal: "E agora todo dia voltamos a Medjugorje em oração." Ao recebê-los em 8 de dezembro daquele mesmo ano para os cumprimentos de Natal, ele escreveu no verso da imagem de um santo: "Agradeço a Zofia por tudo aquilo que diz respeito a Medjugorje. Também vou lá todo dia, quando faço minha oração: estou unido a cada um daqueles que estão lá rezando e que de lá recebem o chamado à oração. Hoje compreendemos melhor esse chamado."

## SOB O SIGNO DO SOFRIMENTO

A marcante inclinação mística de João Paulo II encontrava plena manifestação no seu modo de viver e de conceber o sofrimento como forma de expiação e como autodoação à humanidade. As palavras que ele pronunciou após a operação que sofreu para retirada do apêndice, em 1996, revelam isso com clareza: "Nesses dias de doença, tive a oportunidade de compreender ainda melhor o valor do serviço a que o Senhor me convocou para prestar à Igreja, como sacerdote, como bispo, como sucessor de Pedro: essa missão se realiza, também, pelo dom do sofrimento." Na verdade, alguns anos antes, em 25 de maio de 1994, voltando ao Vaticano depois de algum tempo hospitalizado por causa de uma fratura no fêmur, ele falou sobre sua dor: "Quero agradecer por esse dom, pois compreendi que ele é necessário. O papa precisava se ausentar daquela janela do Palácio Apostólico por quatro semanas, quatro domingos, pois tinha de passar por esse sofrimento, assim como ele teve de sofrer há 13 anos e mais uma vez este ano."

Seu pontificado teve, de fato, a marca do sofrimento: a partir daquele dramático 13 de maio de 1981, ele passou 164 dias hospitalizado na Policlínica Gemelli – que ele mesmo definiu, ironicamente, como o "Vaticano nº 3", depois da Praça São Pedro e de Castel Gandolfo. Além dos 22 dias após o atentado, foram necessários outros 56, entre junho e agosto daquele ano, para tratar uma infecção de citomegalovírus e passar por uma nova cirurgia. Outras quatro internações se sucederam ao longo dos 10 anos seguintes: 15 dias em 1992, para extirpar um tumor benigno no intestino; dois dias em 1993, por causa de uma luxação no ombro direito; 30 dias em 1994, pela fratura no fêmur direito provocada por uma queda no banheiro; 10 dias em 1996, para retirada do apêndice. Entre fevereiro e março de 2005, foram necessárias duas outras internações – que totalizaram 28 dias – para fazer uma traqueostomia, quando uma laringotraqueíte aguda lhe tornou muito difícil respirar normalmente.

Para ele, cada problema físico era motivo de meditação pessoal: "Eu imagino o que Deus quer me comunicar com esta doença", respondeu a um médico que lhe perguntara como se sentia. Mas, além do significado atribuído a seu sofrimento, era o sofrimento da humanidade que oferecia a Wojtyla um tema especial para reflexão, ao qual dedicaria, em fevereiro de 1984, a carta apostólica *Salvifici doloris* (O valor salvífico da dor). O pontífice adotou nessas páginas, como confirmação do valor de salvação do sofrimento, a própria vicissitude humana de Jesus, cuja vinda à Terra, "com toda a alegria que representa para a humanidade, está indissoluvelmente ligada ao sofrimento". Em Cristo, "a dor recebe uma nova luz, que a transforma de passividade simples e negativa em colaboração positiva à obra da salvação". Na visão do Evangelho, o sofrimento "não é energia desperdiçada, porque é transformada pelo amor divino".

Sem ignorar a importância de suas próprias reflexões teológicas sobre o assunto, a confidência que fez a um amigo exprime sua plena consciência do valor incomensurável que o sofrimento passa a ter quando uma pessoa assume essa responsabilidade. "Escrevi muitas encíclicas e cartas apostólicas, mas me dou conta de que só com meu sofrimento posso contribuir para ajudar melhor a humanidade. Pense no valor da dor sofrida e oferecida com amor..." Durante uma celebração na Basílica de São Pedro, um dos membros do cerimonial percebeu a grave expressão de dor no rosto do pontífice e lhe perguntou: "Santidade, posso ajudar de algum modo? Há algo lhe fazendo mal?" E ele respondeu: "Tudo já me faz mal, mas é assim que deve ser."

Dar um sentido à dor não queria dizer, para Wojtyla, que não se deva empenhar para aliviá-la e levar conforto a quem a sente. Se "a cruz é a primeira letra do alfabeto de Deus", afirmou, isso não significa que a dimensão cristã do sofrimento "se reduz apenas a seu significado mais profundo e a seu caráter redentor". A dor deve, na verdade, gerar solidariedade, dedicação e generosidade em todos que sofrem e em todos que se sentem chamados a assisti-los e a ajudá-los em seus sofrimentos" – um apelo dirigido a cada homem, visto que "nenhuma instituição pode, sozinha, substituir o coração e a compaixão humanos quando se trata de fazer frente aos sofrimentos físicos". Por isso ele quis criar o Dia Mundial do Doente – instituído por iniciativa sua em 1992 e desde então celebrado em 11 de fevereiro –, data que coincide com a celebração litúrgica de Nossa Senhora de Lourdes, uma ocasião para meditar sobre a dor, mas também para exortar à solidariedade com quem sofre.

## A VIA CRUCIS NO CORREDOR

Quando não era alguma enfermidade que lhe fazia viver a experiência da dor, era ele mesmo que infligia a seu corpo desconfortos e tormentos. Além dos jejuns, que seguia com extremo rigor, principalmente no período da Quaresma, quando fazia apenas uma única refeição completa por dia, abstinha-se de comer até mesmo antes de celebrar ordenações sacerdotais e episcopais. E não raramente passava a noite estirado no piso nu. A governanta de sua residência em Cracóvia notava isso mesmo quando ele desarrumava a cama para tentar ocultar o que fazia.

Mas não era só isso. Como alguns membros de sua comitiva puderam ouvir, tanto na Polônia como no Vaticano, Karol Wojtyla se flagelava. Em seu armário havia, pendurado no cabide, um cinto especial para calças que ele utilizava como açoite e que sempre levava para Castel Gandolfo.

Essa prática não era uma expressão do desejo de Wojtyla de punir o próprio corpo, um presente de Deus. A autoflagelação, na verdade, faz parte de uma tradição mais ampla que se enquadra em especial no ascetismo da Ordem do Carmo. Seus membros rezam o "Miserere" enquanto fazem o sinal da cruz e se chicoteiam com o cinto de seus mantos monásticos. Wojtyla permaneceu fiel a essa tradição durante toda a sua vida. O cardeal Carlo Maria Martini escreveu: "No ascetismo, o praticante realiza modestos atos de penitência, que não causam ferimentos permanentes no corpo. Portanto, não devemos considerá-los exemplos de automutilação ou masoquismo."

"Agora me alegro em meus sofrimentos por vocês e completo no meu corpo o que resta das aflições de Cristo em favor do seu corpo, que é a Igreja", escreveu São Paulo na Epístola aos Colossenses (1:24). Karol Wojtyla fez dessas palavras a base de seu testemunho de fé. Quando sofria muito, nos pós-operatórios, por exemplo, ele dizia: "É preciso fazer reparações. Nosso Senhor Jesus teve de sofrer muito." Repetia a mesma coisa nos momentos mais delicados da doença, quando tinha sede e não podia beber água.

O Calvário de Cristo, sob a perspectiva em que ele enquadrava seu próprio sofrimento, era renovado simbolicamente pelo pontífice toda sexta-feira, com a prática da Via Crucis. No Vaticano, Wojtyla a celebrava em sua capela particular ou no terraço que havia acima do apartamento papal, que com o tempo foi transformado numa autêntica capela a céu aberto, adornada com flores e plantas. Na capela de Castel Gandolfo, porém, não existiam as estações. Por isso, durante as férias de verão, toda sexta-feira o pontífice recolhia-se em segredo para orar diante de 14 litografias com a representaçao da Via Crucis, descobertas por ele por acaso num corredor ao lado da sala de jantar que em geral não era utilizada.

Durante uma viagem pastoral, um integrante de sua comitiva constatou quanto era enraizada a fidelidade do papa no decorrer dessa prática de devoção: "Estávamos no helicóptero que nos transportaria de Jerusalém à Galileia, e era uma sexta-feira. Notei que o Santo Padre não olhava pela janela e que levava na mão um livrinho sem capa. Lia uma página e começava a rezar, depois lia outra e tornava a orar. Olhei bem e percebi que ele estava fazendo a Via Crúcis. Como aquele seria um dia cheio de compromissos, ele temia não poder fazer a oração na capela, como de hábito."

Ele permaneceu fiel a esse costume até o fim. Em 1º de abril de 2005 – um dia antes de morrer –, por volta das 10 horas da manhã, João Paulo II tentou falar algo para as pessoas que estavam à sua volta, mas elas não conseguiram compreender. A febre alta e a extrema dificuldade de respirar já lhe tornavam quase impossível articular as palavras. Levaram para ele uma folha de papel e uma caneta, e o papa escreveu que, por ser sexta-feira, queria fazer a Via Crucis. Uma das irmãs presentes começou, então, a recitá-la em voz alta enquanto ele, não sem esforço, fazia o sinal da cruz a cada vez que começava uma das estações.

*Epílogo*

# UM TRIBUTO À VERDADE

Em 2 de abril de 2005, eu estava na Praça São Pedro junto a milhares de fiéis. Quando a notícia da morte de João Paulo II foi divulgada, às 21h37, senti brotar em mim uma grande vontade de gritar "O santo morreu!", como tinham feito, no fim do século XVIII, as crianças de Roma ao correrem pelas ruas da cidade anunciando a morte de Benedetto Giuseppe Labre. Uma parte de mim acreditava que, se aquela aclamação fosse repetida por todas aquelas vozes unidas em coro, se todos os fiéis que estavam reunidos ali se unissem ao meu grito, a canonização teria sido proclamada. O iluminado testemunho de fé oferecido por João Paulo II ao longo dos anos, a posse e a prática das virtudes em níveis supremos, a escolha de carregar nos próprios ombros a cruz do sofrimento até o fim de seus dias e o amor solícito pelo próximo já eram, aos olhos de todos, características intrínsecas à sua figura de homem e pastor e depunham, certamente, a favor de uma inclusão imediata no círculo dos santos.

No entanto, fiquei em silêncio, e admito que me arrependi um pouco. Estou convencido, porém, de que foi muito útil conduzir o processo. Foi muito melhor do que a análise burocrática de uma existência, muito mais do que um mero "relatório" de méritos sob um olhar friamente indagador. Ao contrário, isso permitiu que restituíssemos a intensidade e o vigor aos aspectos já notórios da vicissitude humana de Wojtyla, incrustando neles a trama de episódios inéditos oferecidos ao compartilhamento comum por quem os conserva intactos na memória.

Muitos se sentiram convocados pelo edital promulgado pelo cardeal Camillo Ruini em 18 de maio de 2005, dia em que Wojtyla completaria 85 anos. Com esse apelo, o vigário de Sua Santidade pela diocese de Roma convidava os fiéis a "informar todos os relatos por meio dos quais seja possível, de algum modo, determinar elementos favoráveis ou contrários à fama de santidade do servo de Deus" e a "remeter qualquer escrito que tenha como autor o servo de Deus". Assim, em 28 de junho, véspera da festa dos santos Pedro e Paulo, abriu-se em Roma a pesquisa diocesana sobre a vida, as virtudes e a fama de santidade do papa João Paulo II. Poucos meses depois, o novo arcebispo de Cracóvia, o cardeal Stanislaw Dziwisz, ofereceu aos fiéis poloneses a mesma oportunidade de apresentar seu testemunho, inaugurando o processo rogatório diocesano em 4 de novembro. Ao processo rogatório de Roma e ao de Cracóvia juntou-se, afinal, o de Nova York, para registrar o testemunho de um cidadão americano.

Ao todo foram ouvidas 114 pessoas: 35 cardeais, 20 arcebispos e bispos, 11 sacerdotes, cinco religiosos, três irmãs, 36 leigos católicos, três não católicos e um judeu. Suas declarações, junto com outros documentos e escritos, encheram as milhares de páginas escritas da chamada *Copia publica,* da qual foram extraídos os quatro volumes resumidos da *Positio,* documento que reúne todos os dados e testemunhos recolhidos durante a fase diocesana, que corresponde à primeira etapa do processo de beatificação. Esses números são consistentes. Às declarações ouvidas em sedes de tribunais foram acrescentadas, gradativamente, aquelas confiadas nas inúmeras cartas de fiéis que chegaram ao Postulado. Muitos desses escritos, em especial os que remontam ao período imediatamente seguinte à morte de João Paulo II, exprimem sentida gratidão a Deus pelo dom desse grande papa. Outros, por sua vez, abrigam comovidos atestados de graças recebidas, expondo casos de recuperação de saúde espiritual ou de curas físicas atribuídos à intercessão do papa Wojtyla.

Reunir e avaliar todo esse material, além de ouvir as testemunhas que intervieram no processo, foi, para mim e para meus colaboradores, um trabalho árduo de fato. Mas sem dúvida indispensável, pois permitiu realmente, corroborar a fama de santidade de João Paulo II, oferecendo um precioso tributo à verdade. Uma verdade que, graças às vozes de quem contribuiu para mantê-la íntegra, brilha hoje incontestável e reluzente.

## *Cronologia resumida da vida de Karol Wojtyla, o papa João Paulo II*

Em 18 de maio de 1920 nasceu em Wadowice, na província de Cracóvia, Polônia, Karol Józef Wojtyla – filho de Karol Wojtyla, 40 anos, oficial do exército, e Emilia Kaczorowska, 36 anos, dona de casa. Karol teve um irmão, Edmund, 14 anos mais velho, e uma irmã, Olga, que morrera seis anos antes, em tenra idade. Foi batizado em 20 de junho.

Em 15 de setembro de 1926, começou o ensino fundamental.

Em 13 de abril de 1929, perdeu a mãe, que morreu de doença cardíaca, e, em 5 de dezembro de 1932, seu irmão, já formado em medicina, morreu em decorrência de uma epidemia de escarlatina.

Em 3 de maio de 1938, recebeu a crisma e, no mesmo mês, passou nas provas finais do colégio. Em 22 de junho daquele ano, inscreveu-se na faculdade de filosofia da Universidade Jaguelônica, transferindo-se com o pai, em seguida, para Cracóvia. Lá, em fevereiro de 1940, conheceu Jan Tyranowski, que o apresentou ao grupo Rosário Vivente e o introduziu ao estudo do misticismo. Em 1º de novembro, começou a trabalhar na pedreira de Zakrzówek, a fim de evitar a deportação para a Alemanha, que ocupara a Polônia um ano antes.

Em 18 de fevereiro de 1941, perdeu o pai, e, em agosto, recebeu em casa a família de Mieczyslwa Kotlarczyk, o fundador do Teatro da Palavra Viva.

Durante a primavera de 1942, foi transferido para a fábrica Solvay e, em outubro, passou a frequentar, como seminarista, os cursos clandestinos da faculdade de Teologia da Universidade Jaguelônica.

Em março de 1943, pisou pela última vez um palco de teatro.

Em 29 de fevereiro de 1944, foi atropelado por um caminhão e hospitalizado. Em agosto do mesmo ano, o arcebispo Sapieha o transferiu, junto com os outros seminaristas clandestinos, para o palácio do arcebispado de Cracóvia.

Em 1º de novembro de 1946, foi ordenado sacerdote na capela particular do cardeal Sapieha. Em 15 de novembro, partiu para Roma a fim de prosseguir os estudos teológicos na Universidade Pontifícia de São Tomás de Aquino, o Angelicum.

Em 3 de julho de 1947, foi aprovado no exame final em teologia e, durante o verão, viajou para a França, a Bélgica e a Holanda.

Em 19 de junho de 1948, defendeu sua tese "A doutrina da fé segundo São João da Cruz" e, algumas semanas depois, voltou para Cracóvia. Em 8 de julho, foi nomeado vice-pároco na paróquia de Niegowic. Em 16 de dezembro, a Universidade Jaguelônica lhe concedeu, oficialmente, o título acadêmico de doutor em teologia.

Em agosto de 1949, foi designado vice-pároco da paróquia de São Floriano, em Cracóvia.

Em 1º de setembro de 1951, o arcebispo de Cracóvia, Eugeniusz Baziak, lhe concedeu uma licença de dois anos para se preparar para a docência universitária.

Em outubro de 1953, ele começou a lecionar ética social católica na Faculdade de Teologia da Universidade Jaguelônica e, em dezembro, obteve a habilitação à docência.

Em 1954, tornou-se professor no seminário de Cracóvia e na Universidade Católica de Lublin.

Em 15 de novembro de 1957, foi nomeado livre-docente pela Comissão Central de Qualificação.

Em 4 de julho de 1958, foi nomeado bispo auxiliar de Cracóvia e, em 28 de setembro, recebeu a consagração episcopal.

Em 1960, publicou o ensaio "Amor e responsabilidade".

Logo após a morte do arcebispo Baziak, em 16 de julho de 1962, foi eleito vigário capitular. Em 5 de outubro, partiu para Roma, onde, de 11 de outubro a 8 de dezembro, participou da primeira sessão do Concílio Vaticano II.

De 6 de outubro a 4 de dezembro de 1963, fez parte da segunda sessão do Concílio Vaticano II e, de 5 a 15 de dezembro, partiu em peregrinação à Terra Santa. Em 30 de dezembro, foi nomeado arcebispo de Cracóvia.

Em 13 de janeiro de 1964, foi publicada a bula oficial do papa com sua nomeação e, em 8 de março, sua posse solene foi celebrada na Catedral de Wawel. De 14 de setembro a 21 de novembro, participou da terceira sessão do Concílio Vaticano II e logo depois partiu novamente em pereginação à Terra Santa por duas semanas.

De 14 de setembro a 8 de dezembro de 1965, esteve na quarta e última sessão do Concílio Vaticano II, em Roma.

De 13 a 20 de abril de 1967, tomou parte da primeira reunião do Concílio para os Leigos, realizado na capital italiana. Em 28 de junho, recebeu de Paulo VI o título cardinalício.

Em 1969, publicou o ensaio "Pessoa e ato" e, de 11 a 28 de outubro do mesmo ano, participou, em Roma, da primeira assembleia geral extraordinária do Sínodo dos Bispos.

Em 1972, publicou um estudo sobre a atuação do Concílio

Vaticano II, "*Alle fonti del rinovamento*" (Fontes da renovação) e, em 8 de maio desse ano, abriu o Sínodo da Arquidiocese de Cracóvia.

De 2 a 9 de março de 1973, participou do Congresso Eucarístico, na Austrália, visitando também as Filipinas e a Nova Guiné. No mesmo ano, em maio, foi à Bélgica e, em novembro, à França.

De 27 de setembro a 26 de outubro de 1974, esteve na terceira assembleia geral ordinária do Sínodo dos Bispos, em Roma, na qual foi relator da parte doutrinal.

De 3 a 8 de março de 1975, fez parte da primeira reunião do Conselho da Secretaria Geral do Sínodo dos Bispos, na capital italiana, e, em setembro, visitou a República Democrática da Alemanha.

De 7 a 13 de março de 1976, fez um sermão sobre os exercícios espirituais no Vaticano, com a presença do papa Paulo VI. As meditações foram publicadas no livro *Segno di contraddizione* (Sinal de contradição). De 23 de julho a 5 de setembro, viajou aos Estados Unidos e ao Canadá, onde realizou diversas conferências.

Em 1978, de 11 de agosto a 3 de setembro, foi a Roma para os funerais de Paulo VI, para o conclave e as cerimônias seguintes à eleição de João Paulo I. Em 3 de outubro, foi novamente à cidade, dessa vez para os funerais de João Paulo I. Em 14 de outubro, entrou em conclave e, no dia 16, por volta das 17h15, foi eleito pontífice, escolhendo o nome de João Paulo II. Em 22 de outubro, presidiu a solenidade de início de seu ministério como supremo Pastor da Igreja Católica. Em 5 de novembro, partiu em peregrinação à Basílica de Assis e à Basílica de Santa Maria sobre Minerva, em Roma, para venerar os padroeiros da Itália, São Francisco e Santa Catarina. Em 12 de novembro, tomou posse, como Bispo de Roma, do trono de São João de Latrão.

Em 4 de março de 1979, foi publicada sua primeira encíclica, *Redemptor hominis*. Em junho, voltou à Polônia em visita pastoral. Em outubro, falou às Nações Unidas, em Nova York, e em novembro encontrou-se com o Patriarca Ortodoxo Dimitrios I, na Turquia.

Em 4 de abril de 1980, Sexta-feira Santa, ouviu pela primeira vez a confissão de alguns fiéis na Basílica do Vaticano e, em 30 de novembro, foi publicada a encíclica *Dives in misericordia*.

Em 11 de janeiro de 1981, deu início ao costume de celebrar, no Vaticano, o batismo de algumas crianças na época da Epifania. Às 17h19 de 13 de maio, sofreu um atentado a tiros, na Praça São Pedro, praticado pelo turco Ali Agca. Foi operado em regime de urgência na Policlínica Gemelli, recuperou-se e em 3 de junho voltou para o Vaticano, depois de 22 dias de hospitalização. No entanto, precisou ser internado de novo, ficando na Policlínica de 20 de junho a 14 de agosto.

Em maio de 1982, partiu em peregrinação a Fátima, para agradecer a Nossa Senhora por sua proteção materna e para recitar, um ano após o atentado, o Ato de Consagração do Mundo ao Imaculado Coração de Maria. Em 10 de outubro, dirigiu a cerimônia de canonização do padre Massimiliano Kolbe.

Em 25 de janeiro de 1983, promulgou o novo Código de Direito Canônico e, em 25 de março, abriu o Ano Santo da Redenção. Em 27 de dezembro, visitou Ali Agca na prisão romana de Rebibbia.

Em 22 de abril de 1984, fechou o Ano Santo da Redenção.

Em 30 e 31 de março de 1985, recebeu em Roma os participantes da reunião internacional dos jovens para o Dia Mundial da Juventude.

Em 13 de abril de 1986, visitou a Sinagoga de Roma. Em 18 de maio, foi publicada a encíclica *Dominum et vivificantem*. Em 27 de outubro, presidiu, em Assis, o Dia Mundial da Oração pela Paz.

Em 25 de março de 1987, foi publicada a encíclica *Redemptoris mater* e, em 6 de junho, véspera de Pentecostes, o papa abriu o Ano Mariano. Em 30 de dezembro, foi publicada a encíclica *Sollicitudo rei socialis*.

Em 21 de maio de 1988, inaugurou, no Vaticano, a casa de acolhimento Presente de Maria, confiada à Congregação de Madre Teresa de Calcutá. Em 28 de junho, assinou a constituição apostólica *Pastor bonus*, para a reforma da Cúria Romana. Em 15 de agosto, encerrou o Ano Mariano.

Em 7 de setembro de 1989, anunciou o Dia da Oração pela Paz no Líbano e, em 30 de setembro, recebeu a visita de Robert Runcie, arcebispo de Canterbury e chefe da Igreja Anglicana.

Em 26 de agosto de 1990, lançou um apelo pela paz no Golfo Pérsico, após a invasão do Kuwait pelo Iraque. Em 7 de dezembro, foi publicada a encíclica *Redemptoris missio*.

Em 15 de janeiro de 1991, enviou uma carta ao presidente dos Estados Unidos, George Bush, e outra ao ditador iraquiano Saddam Hussein, na tentativa de evitar que fosse declarada a Guerra do Golfo. Em 1º de maio, a encíclica *Centesimus annus* foi publicada.

De 12 a 26 de julho de 1992, foi internado na Policlínica Gemelli, em Roma, para retirar um tumor intestinal benigno. Em 9 de dezembro, foi divulgado ao público o Catecismo da Igreja Católica, que havia sido aprovado em junho.

Em 9 e 10 de janeiro de 1993, em Assis, presidiu o Encontro de Oração pela Paz na Europa, especialmente nos Bálcãs. Em 6 de agosto, a encíclica *Veritatis splendor* foi publicada. Em 11 de novembro, após escorregar, sofreu uma luxação no ombro direito, que ficou imobilizado por um mês.

Em 23 de janeiro de 1994, celebrou uma missa pela paz nos Bálcãs na Basílica do Vaticano. Em 28 de abril, sofreu uma queda e fraturou o fêmur direito. Foi operado na Policlínica

Gemelli, onde permaneceu internado até 27 de maio. Em 14 de novembro, foi divulgada ao público a carta apostólica *Tertio millennio adveniente*, anunciando o Jubileu de 2000.

Em 1995, foram publicadas as encíclicas *Evangelium vitae*, em 25 de março, e *Ut unum sint*, em 25 de maio.

Em 1996, após a publicação, em 22 de fevereiro, da constituição apostólica *Universi dominici gregis*, reformou as regras do conclave. De 6 a 15 de outubro, foi novamente internado na Policlínica Gemelli para a retirada do apêndice.

Em 16 de junho de 1997, enviou carta ao primeiro-ministro israelense, Benjamin Netanyahu, e ao presidente da Autoridade Palestina, Yasser Arafat, conclamando a paz no Oriente Médio.

Em 14 de setembro de 1998, foi publicada a encíclica *Fides et ratio* e, em 29 de novembro, foi divulgada a bula papal *Incarnationis mysterium*, com a qual foi iniciado o Jubileu de 2000.

Em 1999, com a carta apostólica *Spes aedificandi*, de 1º de outubro, proclamou copadroeiras da Europa as santas Brígida, da Suécia, Catarina, de Siena, e Teresa Benedita da Cruz. Na noite de 24 de dezembro, abriu o Jubileu de 2000.

De 24 a 26 de fevereiro de 2000, partiu em peregrinação ao Monte Sinai, no Egito, e à Terra Santa (Jordânia, territórios autônomos palestinos e Israel). Em 7 de maio, presidiu a Comemoração Ecumênica das Testemunhas da Fé do século XX. Em 12 e 13 de maio, foi a Fátima em peregrinação, onde foi revelado o "terceiro segredo".

Em 6 de janeiro de 2001, encerrou o Jubileu de 2000 e assinou a carta apostólica pós-jubileu *Novo millenium ineunte*.

Em 24 de janeiro de 2002, presidiu o Dia de Oração pela Paz no Mundo, em Assis. Em 16 de outubro, com a carta apostólica *Rosarium Virginis Mariae*, proclamou o Ano do Rosário e acrescentou os cinco mistérios "da luz" à tradicional oração mariana.

Em 5 de março de 2003, presidiu o Dia de Oração e Jejum

pela Paz. Em 23 de abril, ao completar 8.959 dias de pontificado, tornou-se o terceiro papa mais longevo da história – só superado por Pio IX e Leão XIII, sem considerar o caso de São Pedro. Em 17 de abril, foi publicada a encíclica *Ecclesia de eucharistia*. Em 16 de outubro, presidiu a celebração solene pelo 25º ano da sua eleição ao pontificado.

Em 28 de fevereiro de 2004, depois de ter visitado 301 paróquias romanas desde o início do seu pontificado, recebeu no Vaticano uma representação de algumas paróquias que não chegaram a ser visitadas. Em 10 de junho, anunciou a celebração do Ano Especial da Eucaristia. Em 14 e 15 de agosto, fez uma peregrinação a Lourdes e, em 5 de setembro, a Loreto, as suas duas últimas viagens.

Em 30 de janeiro de 2005, recitou o "Angelus Dominical". Na noite de 1º de fevereiro, foi internado na Policlínica Gemelli, com uma crise respiratória. No dia 10 desse mês, após melhora, retornou ao Vaticano, mas, 14 dias depois, a gripe piorou e ele foi hospitalizado novamente, permanecendo na policlínica até 13 de março. Em 30 de março, na hora da audiência geral, aproximou-se da janela do Palácio Apostólico para benzer os milhares de peregrinos que o aguardavam na Praça São Pedro. Essa foi sua última aparição pública. Na tarde de 31 de março, foi diagnosticada uma infecção de suas vias urinárias, que lhe causou um choque séptico e colapso cardiocirculatório.

Karol Wojtyla morreu às 21h37 do dia 2 de abril, primeiro sábado do mês e primeiras vésperas da festa da Divina Misericórdia. Viveu 84 anos, 10 meses e 15 dias, dos quais foi papa por 26 anos, 5 meses e 17 dias.

# CONHEÇA OS CLÁSSICOS DA EDITORA SEXTANTE

*1.000 lugares para conhecer antes de morrer,* de Patricia Schultz

*A História – A Bíblia contada como uma só história do começo ao fim,* de The Zondervan Corporation

*A última grande lição,* de Mitch Albom

*Conversando com os espíritos* e *Espíritos entre nós,* de James Van Praagh

*Desvendando os segredos da linguagem corporal* e *Por que os homens fazem sexo e as mulheres fazem amor?,* de Allan e Barbara Pease

*Enquanto o amor não vem,* de Iyanla Vanzant

*Faça o que tem de ser feito,* de Bob Nelson

*Fora de série – Outliers,* de Malcolm Gladwell

*Jesus, o maior psicólogo que já existiu,* de Mark W. Baker

*Mantenha o seu cérebro vivo,* de Laurence Katz e Manning Rubin

*Mil dias em Veneza,* de Marlena de Blasi

*Muitas vidas, muitos mestres,* de Brian Weiss

*Não tenha medo de ser chefe,* de Bruce Tulgan

*Nunca desista de seus sonhos* e *Pais brilhantes, professores fascinantes,* de Augusto Cury

*O monge e o executivo,* de James C. Hunter

*O poder do Agora,* de Eckhart Tolle

*O que toda mulher inteligente deve saber,* de Steven Carter e Julia Sokol

*Os segredos da mente milionária,* de T. Harv Ecker

*Por que os homens amam as mulheres poderosas?,* de Sherry Argov

*Salomão, o homem mais rico que já existiu,* de Steven K. Scott

*Transformando suor em ouro,* de Bernardinho

# INFORMAÇÕES SOBRE OS PRÓXIMOS LANÇAMENTOS

Para receber informações sobre os lançamentos da EDITORA SEXTANTE, basta cadastrar-se diretamente no site www.sextante.com.br

Para saber mais sobre nossos títulos e autores, e enviar seus comentários sobre este livro, visite o site www.sextante.com.br ou mande um e-mail para atendimento@esextante.com.br

EDITORA SEXTANTE
Rua Voluntários da Pátria, 45 / 1.404 – Botafogo
Rio de Janeiro – RJ – 22270-000 – Brasil
Telefone: (21) 2538-4100 – Fax: (21) 2286-9244
E-mail: atendimento@esextante.com.br